Michel | Die Unruhe der Bücher

[Was bedeutet das alles?]

Sascha Michel

Die Unruhe der Bücher

Vom Lesen
und was es mit uns macht

Reclam

3. Auflage

RECLAMS UNIVERSAL-BIBLIOTHEK Nr. 19669
2020 Philipp Reclam jun. Verlag GmbH,
Siemensstraße 32, 71254 Ditzingen
info@reclam.de
Gestaltung: Cornelia Feyll, Friedrich Forssman
Druck und Bindung: Esser printSolutions GmbH,
Untere Sonnenstraße 5, 84030 Ergolding
Printed in Germany 2025
RECLAM, UNIVERSAL-BIBLIOTHEK und
RECLAMS UNIVERSAL-BIBLIOTHEK sind eingetragene Marken
der Philipp Reclam jun. GmbH & Co. KG, Stuttgart
ISBN 978-3-15-019669-4
reclam.de

Inhalt

Vorbemerkung

> Dichten ist nicht Nägelkauen und Zahnstochern,
> sondern eine öffentliche Angelegenheit.
> Alfred Döblin

Wenn die vernetzte Welt um uns herum immer schneller und stressiger wird, liegt es nahe, in den kontemplativen Seiten der alten Kulturtechnik Lesen eine Art Gegenwelt und den *unique selling point* für gedruckte Bücher zu sehen. Und es stimmt ja auch, dass das genaue Lesen längerer oder anspruchsvoller, verdichteter Texte Zeit beansprucht, Konzentration und Ruhe erfordert.

Doch ist das alles? Und was heißt das genau? Wir mögen uns ja nach mehr Ruhe sehnen, aber führt uns diese Sehnsucht zum Buch? Ist das Buch nur dazu da, die sonstige Beschleunigung zu kompensieren? Da finden gerade fundamentale Umwälzungen in unserem Medienalltag statt, und dann soll die neue Antwort einfach nur die x-te Entdeckung der Langsamkeit sein?

Schon in dem beliebten Wort »Entschleunigung« verbirgt sich das bloß Reaktive und damit die konzeptuelle Abhängigkeit von einer anders funktionierenden, eben schnelleren medialen Umgebung. Von Entschleunigung kann nur derjenige reden, der die sentimentalische Perspektive desjenigen einnimmt, für den Bücher im hektischen Medienalltag kaum eine Rolle (mehr) spielen und dessen sehnsüchtige Projektion auf eine einzige Dimension reduziert ist: dass das Bücherlesen auf jeden Fall nicht so hektisch ist. Das ist ungefähr so, als würde man nach dem Ende des Urlaubs, wieder zurück im stressigen Job, das Besondere des Urlaubs – tautologisch und wahrscheinlich gelogen – darauf reduzieren, dass es im Urlaub eben nicht so hektisch wie im Job zuging. Von den Delfinen, die plötzlich, zum Greifen nah, neben dem Boot aufgetaucht sind, von dem Gerenne am Bahnhof und den Tränen nachts im Hotel, von all dem also, was so einen Urlaub eigentlich ausmacht, keine Spur.

Das mit der Büchersehnsucht verbundene Gefühl ist zwar real und absolut ernst zu nehmen, weil es mit realen Defiziten unseres Medienalltags zu tun hat, es ist aber kein Gefühl, das auf der primären Ebene des Lesens selbst entsteht. Die verbliebenen Leser*innen kann man damit also per se nicht ›abholen‹, weil es beim Lesen um vielfältigere Gefühle geht. Und ob man Nicht-mehr-Leser*innen dadurch zum Wieder-Lesen bringt, dass man eine Sehnsucht anspricht, die sich ja gerade der als schicksalhaft empfundenen Tatsache verdankt, dass man es unter heutigen Bedingungen nun mal nicht mehr schafft zu lesen, ist mehr als fraglich.

Hinzu kommt die unfreiwillige Ironie, die darin besteht, dass jede noch so gut gemeinte App, jedes weitere Tool, jedes aufregende Event, mit dem alte Leser*innen gebunden und neue, jüngere gewonnen werden sollen, zunächst einmal einfach nur das sind, was sie sind: weitere Optionen, weitere Produkte in unserem stressigen Medien- und Konsumalltag. Das Problem also besteht darin, dass jedes Marketing fürs Buch als Teil einer großen Antientfremdungsindustrie technisch und ökonomisch genau das betreibt, was ›kulturell‹ dann nach erfolgtem Kaufakt beim Lesen kompensiert werden soll. Dieses Dilemma ist zwar trivial und nicht aus der kapitalistisch organisierten Welt zu schaffen. Man muss es aber reflektieren. Wenn man das nicht tut und sich in einer Art »halbierten Moderne«, wie der Soziologe Ulrich Beck das nennen würde, einrichtet, wird auf Dauer nicht nur die Glaubwürdigkeit des eigenen Entschleunigungsnarrativs ausgehöhlt, sondern es werden auch wichtige Brücken zu öffentlichen Diskursen abgebrochen, das Buch also noch weiter in die Nische des »Retro-Charmes« geschoben.

Es ist wie bei den Backlashs in der gegenwärtigen Politik: Man weiß gar nicht, wo man anfangen soll beim Staunen und Sortieren. Wo, fragt man sich, kommen nur all die alten Konzepte her? Zum rettenden »Retro-Charme« gehört zum Beispiel, dass der uralte Ruhe- und Langsamkeitsdiskurs mit einem nicht minder alten Seelendiskurs verknüpft wird. Das Buch: nicht nur ein Medium der Entschleunigung und Chance zum Abschalten, sondern auch ein Heilmittel für die Seele. Da die rasante Welt auf unseren Bildschirmen nur zu Entfremdung und Zerstreuung führt, soll man sich, so die sehr deutsche Idee, in den identitären Weltinnenraum der eigenen Seele zurückziehen. Im besten Fall hat das dann etwas Absurd-Komisches, wenn das Lesen als »Zähneputzen für den Geist« oder »Wellness-Oase für die Seele« angepriesen wird. Der Schuss geht aber erst richtig nach hinten los, wenn es zu trüben Klischees einer verstaubten Kulturkritik führt – zu der Vorstellung etwa, die Seele sei so etwas wie eine fenster- oder bildschirmlose Monade, die der bösen medialen Welt einfach gegenübergestellt werden könnte. »Ja nichts macht die Menschen wohl mehr unwahr«, so Karl Philipp Moritz (1756–1793) vor über 200 Jahren, »als eben die vielen Bücher. Wie schwer wird es dem Beobachter, unter all dem, was durch das Lesen von Romanen und Schauspielen in den Karakter gekommen ist, das Eigne und Originelle wieder hervorzusuchen!« Die bösen Medien also, damals waren es noch die Bücher, gehen mitten durch unsere Seelen hindurch. Das ›Wahre‹ gibt es gar nicht, das fremde Außen lauert immer schon im Eigenen.

Deshalb auch ist es wenig sinnvoll, das alte Narrativ der im 18. Jahrhundert beklagten Lesesucht durch den Vorwurf des *Binge-Watching* zu ersetzen und zu behaupten, Serienkonsum bedeute im Gegensatz zum Lesen vor allem Stumpfsinn und Zerstreuung. »Habe ich Zeit verschwendet?«, fragt, bezogen auf seinen Serienkonsum, der Schriftsteller David Wagner in seinem Buch *Sich verlieben hilft*, und der Serien- wie Büchersüchtige antwortet: »Nein, nie, bestimmt nicht. Im Gegenteil. Ich habe nur gewonnen.«

Kulturkritische Gegenüberstellungen dieser Art – hier die Konzentration auf das eine, ›heilige‹ Buch, dort zerstreuende Sucht nach Serien oder schlechten Romanen – führen zu völlig falschen Bildern auf beiden Seiten. Für die Literaturkritikerin Marie Schmidt ist es diese Abspaltung des alltäglichen, multimedialen Lesens von einem zurückgezogenen, feierlichen Lesen ›echter‹ Bücher, die dem Lesen am meisten schadet:

> Die Trennung muss weg. Und etwas von der Wachheit, Schnelligkeit und Gier, mit der wir Newsfeeds, Chats und Mails lesen, muss her – aber für die Literatur. Was wir kultivieren sollten, ist ein aufregendes, chaotisches, lebendiges Lesen.

Zu dieser Lebendigkeit gehört auch, dass sich das Lesen nicht so einfach funktionalisieren lässt: Statt dass wir zuverlässig das richtige Maß an Erkenntnis, Vergnügen oder Erbauung bekommen, müssen wir uns nach bestimmten Lektüren, wie der Literaturkritiker Dirk Knipphals völlig zu Recht festgestellt hat, oft erst einmal wieder neu zusammensetzen:

> Das richtige Lesen ist manchmal ein Tanz, manchmal ein Spiel, manchmal ein Spaziergang, manchmal ein ›ernstes Wort von Mensch zu Mensch‹ (Kafka), manchmal eine Expedition, manchmal aber auch ein Kampf.

Mit Wellness oder Lebenskunst hat das Lesen also nicht viel zu tun. Vor allem aber kann man mit *Vita-contemplativa*-Konzepten keine plausiblen Brücken zu den notwendigen politischen Kämpfen der Gegenwart, zur *Vita activa*, schlagen. Es soll ja Menschen geben, die keine Seelen-Oasen, sondern überhaupt erst einmal Zugänge zu Bildung und zu gut bezahltem Online-Stress benötigen. Es geht also um Teilhabe, nicht nur um irgendwelche Kompensationen für die geplagten Seelen einer bedrängten Mittelschicht.

Es gibt eine schöne Stelle in Georg Wilhelm Friedrich Hegels (1770–1831) religionsphilosophischen Vorlesungen, wo er von den »Verwüstungen der Theologie« spricht, die darin bestehen, dass nicht etwa die Atheisten oder die Philosophen, sondern die Theologen selbst, also die scheinbaren Verteidiger der Religion, »alles getan haben, um das Bestimmte der Religion aufzulösen«. Richtet womöglich, auf das Lesen übertragen, die Oasen- und Wellness-Rhetorik die schlimmsten »Verwüstungen« an?

Lesen, so die zentrale These des vorliegenden Essays, ist keine kontemplative Quelle der Ruhe und Entschleunigung, sondern ein Herd der Unruhe und Kontingenz. Das Lesen gedruckter Bücher mag gesellschaftlich und medienhistorisch immer mehr zum Nischenphänomen werden. Das Lesen selbst aber ist alles andere als ein Nischenphänomen. Und beim Lesen von gedruckten, insbesondere literarischen Texten können Fähigkeiten (neudeutsch: Kompetenzen) ausgebildet und verfeinert werden, die auch für andere Formen des Lesens in unserer Kultur hilfreich sind. Im Grunde ist es relativ egal, ob man diese Kompetenzen mit einem Goethe-Gedicht oder der Aufschrift auf einer Duschgel-Flasche trainiert. Auch die Frage, ob digital oder analog gelesen werden sollte, ist weniger wichtig, als oft behauptet wird. Wichtiger ist nach Ansicht des Leseforschers Gerhard Lauer zunächst einmal schlicht die Lesesozialisation: Vorlese-Erfahrungen in der Kindheit, das Lernen von Konzentration, ob am Bildschirm oder mit Papier, und ein lebendiger Deutschunterricht.

Durch eine solche Sozialisation und die Erfahrung des Lesens als *Vita activa* lernen wir, an der Unruhe der Welt teilzunehmen und alle, auch die noch so mächtig und selbstverständlich scheinenden Zeichen als das zu nehmen, was sie sind: prekäre Setzungen, für die es eine Fülle an Alternativen gibt. Einen Ort jenseits der Unruhe gibt es auch beim Lesen nicht. Die alltägliche Herausforderung liegt darin, dass man sich – zumindest zeitweise – auf die Unruhe konzentriert.

1. Die Unruhe der Welt

> Ja gewiß, das Lesen ist nicht übel. Gut am Lesen ist zum Beispiel, daß es keinen Krach macht und ein Lesender ruhiggestellt ist, daß er also nicht herumfuchtelt und unangenehm kommunikativ wird.
>
> Max Goldt

In seinem *Discours sur l'origine et les fondements de l'inégalité parmi les hommes* (*Abhandlung über den Ursprung und die Grundlagen der Ungleichheit unter den Menschen*) aus dem Jahr 1755 stellt Jean-Jacques Rousseau (1712–1778) der Ruhe des Naturzustands die Unruhe der modernen Kultur entgegen: Während sich der wilde Mensch des Naturzustands nur nach »Ruhe und Freiheit« sehnt, ist der zivilisierte Mensch der bürgerlichen Gesellschaft »immerzu tätig«; er »schwitzt, hetzt sich ab, quält sich ohne Unterlaß, nur um sich noch mühsamere Beschäftigungen zu suchen«. »Welch ein Schauspiel stellen doch für einen Kariben die mühevollen und vielbeneideten Arbeiten eines europäischen Ministers dar!«

Die Gegenüberstellung von Ruhe und Unruhe hat eine lange Geschichte und findet sich als Topos bereits in der alttestamentarischen Erzählung vom Sündenfall, der zu Brudermord und Sprachverwirrung führt, oder in der Prometheus-Geschichte, wie sie Platon im *Protagoras*-Dialog erzählt.

Bis heute speist sich die Kulturkritik aus solchen Gegenüberstellungen: Hier ein (re-)konstruierter Ursprung, ein Kosmos oder göttlicher Heilsplan, die (narrativ) für Ordnung, Halt und Ruhe sorgen, dort eine von Menschen gemachte Kultur der Unruhe, die zu Chaos, Sünde und Entfremdung führt.

Die Ironie einer solchen Kulturkritik besteht allerdings darin, dass sie ihrerseits, als Erzählung, als Dialog, als schriftliche Antwort auf die Frage einer Akademie, nicht jenseits dessen steht, was sie kritisiert, mehr noch: dass sie genau zu jener Unruhe mit beiträgt, von der sie sich abzusetzen versucht. Der von Rousseau beschworene »Karibe« mag wie das gesamte Konzept des Naturzustands eine nützliche Projektion sein, die der wirkungsvollen Kontrastbildung und kritischen Stoßrichtung gegen die zeitgenössische Gesellschaft dient. Was diese Projektion aber auslöst, ist das Gegenteil von dem, wofür sie steht (und ein selbstreflexiver Aufklärer wie Rousseau weiß das im Unterschied zu weniger klugen Kulturkritikern): Das normale Geschäft eines europäischen Ministers erscheint durch den Außenblick des ›unzivilisierten‹ Fremden plötzlich nur noch als substanzloses »Schauspiel«, und der »Ruhe und Freiheit« atmende »Karibe« weist mich beunruhigend darauf hin, dass hier gar nichts normal und selbstverständlich ist, das Spiel womöglich auch ganz anders gespielt werden könnte.

Mit dem Philosophen Ralf Konersmann könnte man sagen: Kultur bedeutet per se Unruhe. Der Begriff der Kultur entsteht überhaupt erst unter den neuzeitlichen Vorzeichen einer Unruhe der Welt, die daraus resultiert, dass die menschlichen Verhältnisse aus keiner vorgegebenen metaphysischen Ordnung mehr abgeleitet werden können, sondern alles von den Menschen selbst hergestellt, geregelt, erneuert und verändert werden muss. Vor allem aber resultiert die Unruhe daraus, dass die moderne Kultur, so der Soziologe Dirk Baecker, mit einer Praxis des Vergleichs einhergeht, aus der es kein Entrinnen gibt: Was sagen andere Menschen aus anderen Zeiten, von anderen Kontinenten zu dem, was ich denke und sage? Wie lebten und leben andere Menschen in anderen Kulturen?

> Und findet man in früheren Zeiten und anderen Gegenden nicht, was man braucht, um verläßlich genug zu irritieren, weicht man in die Zukunft aus. Die ›Utopien‹ werden geboren, weil nur sie vergleichbar machen, was anders nicht

verglichen werden kann, die moderne Staatsform zum Beispiel.

Die »materielle Basis des Vergleichs, die Ebene, auf der historische Zeiten und Regionen der Erde miteinander verglichen werden können, ist die Schrift«. Es ist deshalb kein Zufall, dass die Praxis des Vergleichs in dem Moment historisch explodiert, in dem sie nicht mehr nur hinter Klostermauern kultiviert wird, sondern mit dem Buchdruck und dem damit geschaffenen Zugang zu einem potentiell unendlichen Vorrat an Vergleichswissen und Geschichten die Welt erobert: Das öffentlich zugängliche, also les- und diskutierbare Vergleichswissen führt dazu, dass man die Dinge nicht mehr nur glaubt und, aufgehoben in einer vorgegebenen Tradition, einfach macht, sondern dass man sie im Modus einer Beobachtung zweiter Ordnung als »Schauspiel« und Option *interessant* findet, d. h. mit anderen Vorstellungen, Lebensformen und Geschichten vergleicht – und damit auf beunruhigende Weise relativiert. Lesen als zentrale Kulturtechnik ist so gesehen vor allem eines: eine ebenso produktive wie verheerende Verbreitungstechnik der Unruhe.

Don Quichote zum Beispiel »schwitzt, hetzt sich ab, quält sich ohne Unterlaß«, weil er sich unzählige Ritterromane zum Vorbild nimmt. Madame Bovary bricht aus ihrer langweiligen Ehe aus, weil sie ihr Leben mit angelesenen Liebesgeschichten vergleicht. Und Goethes Werther bringt sich um, weil er überall nur noch Ähnlichkeiten mit seinen Homer-, Ossian-, Klopstock- und Lessing-Lektüren sieht.

Nicht minder beunruhigend kann das Lesen von Tagebüchern sein. Denn von irgendwelchen Künstlern und Revolutionären zu lesen mag zwar zunächst für die eigene Sehnsucht nach einem anderen Leben inspirierend sein, so dass ich für die Dauer der Lektüre ein anderer, etwa ein Anarchist wie Erich

Mühsam (1878–1934) werde. Aber, so David Wagner, die eigene Sehnsucht wird dabei nicht wirklich gestillt. »Und als ich dann, das Tagebuch ist aus, wieder ich bin, komme ich mir wie der letzte Spießer vor. Das habe ich davon.«

Ja, genau, das hat man davon, wenn man liest: Die Sehnsüchte werden geweckt und angereichert, aber nie gestillt, und unabhängig davon, ob »Karibe«, Ritter oder Anarchist – am Ende der Lektüre steht eine Unruhe, die entweder zu Ehebruch, Selbstmord und Windmühlenkampf oder zu weiteren Lektüren führt. Baecker fasst diese Unruhe durch vergleichende Lektüre so zusammen:

> Alles läßt sich vergleichen, alles kann ›interessant‹ oder ›uninteressant‹ gemacht werden, von der Frage der Weinbaukunst bis zur Frage der ehelichen Liebe. Alles erscheint doppelt, nämlich einmal als das, was es ist, und ein weiteres Mal als das, was es im Rahmen eines Vergleiches bedeutet. Und natürlich schlagen die Konjunkturen der Bedeutung zurück auf das, was etwas ›ist‹. Schließlich ›ist‹ nicht mehr etwas, wenn es nicht zugleich auch etwas ›bedeutet‹.

Etwas, das etwas bedeutet, ist ein Zeichen, »something which stands to somebody for something in some respect or capacity«. Die Unruhe der Kultur hat also mit ihrer Zeichenhaftigkeit zu tun. Schon wenn ich morgens in der Dusche stehe und unter dem Namen der Naturkosmetikmarke Weleda die Angabe »Seit 1921« lese, verdoppelt sich je nach *respect or capacity* die orange Plastikflasche meines Sport-Duschgels und »schenkt« mir nicht nur »neue Energie«, sondern auch das Wissen um eine hundertjährige »ganzheitliche« Tradition.

Warum aber ausgerechnet die 20er Jahre? Wie passen Roaring Twenties und Naturkosmetik, nervöses Großstadtleben und Ganzheitlichkeit zusammen? Steckt da nicht dieser Rudolf Steiner dahinter? Und was war mit meiner Duschgelmarke in der Nazizeit los?

Der französische Sprachwissenschaftler Ferdinand de Saussure (1857–1913) unterscheidet zwei sprachliche Grundoperationen voneinander: Wörter und Zeichen werden einerseits syntagmatisch verkettet, also nacheinander etwa zu einem minimalen Syntagma wie »Seit 1921« oder zu einem Satz wie »Die Marquise ging um fünf Uhr aus« verknüpft; andererseits assoziieren sich »außerhalb der Sprechaktivität [oder Schreibaktivität; S. M.] Wörter, die etwas gemeinsam haben; dabei formieren sich Gruppen, innerhalb derer höchst verschiedene Beziehungen herrschen«. Bei dem Satz »Die Marquise ging um fünf Uhr aus« bilden etwa Wörter wie »Gräfin«, »Prinzessin«, »Dame mit dem Hündchen« etc. eine Gruppe von Wörtern, die aufgrund ihrer Gemeinsamkeit an die syntagmatische Stelle des Wortes »Marquise« gesetzt werden könnten. Diese assoziierten Wörter bilden, über das vorliegende Syntagma hin ausgehend, ein sogenanntes »Paradigma«, also »etwas, womit verglichen wird«.

Die Bedeutungen oder Assoziationen der Zeichen speisen sich aus solchen Paradigmen. Und während sich de Saussure dabei noch überschaubare Listen einzelner Wörter vorstellte, können in den Paradigmen auch weitere Syntagmen und ganze Texte abgespeichert sein, die wiederum auf andere Texte verweisen. Die Bedeutungen der Zeichen entstehen also intertextuell durch Bezugnahmen auf ein übergreifendes kulturelles Gedächtnis, in dem potentiell unendliche Vergleichsmöglichkeiten, sozusagen gespeicherte Verdopplungen, abgelegt und abrufbar sind. »Die Paradigmen einer Kultur sind demnach«, so der Literaturwissenschaftler Moritz Baßler, »die vorrätig gehaltenen Aufzeichnungen der ›intellektuellen Praxis des Vergleichens‹ und zugleich die Folie, vor der jeder neue Vergleich Bedeutung gewinnt.«

Eines der atemberaubendsten Phänomene der modernen Kultur besteht darin, dass das Verdoppeln seinerseits verdoppelt, man könnte mit Niklas Luhmann auch sagen: als Beobachtung beobachtet, also reflexiv werden kann. In Johann Wolfgang Goethes (1749–1832) *Werther* etwa stehen Lotte und Werther an einem Junitag am Fenster und schauen dem Regen zu. Draußen donnert es, »und der erquickendste Wohlgeruch stieg in aller Fülle einer warmen Luft zu uns auf.« Was aber machen die beiden? Genießen sie schweigend die schöne Stimmung? Reden sie über das Wetter? Gesteht Werther ihr seine Liebe? Nein, die beiden outen sich als Leser! Lotte legt gerührt ihre Hand auf seine und sagt ein einziges Wort: »Klopstock!«

Wie könnte man über eine solche Stelle zum Beispiel im Deutschunterricht oder in einem Lesekreis sprechen? Wäre der Ausgangspunkt nicht erst einmal die unfreiwillige Komik der Szene? Müsste man sich nicht fragen, ob so etwas auch heute noch denkbar wäre: irgendeinen angesagten Namen säuseln in einer ähnlich romantischen Situation? Bei Namen wie »Rihanna« oder »Herrndorf« würde man gemeinsam nostalgisch werden, man würde lachen und sticheln. Und dann würde man weiterlesen und sehen, dass es an der Stelle in Goethes Roman um einen ganz bestimmten Text geht, durch den Werther und Lotte sich verbunden fühlen: »Ich erinnerte mich sogleich der herrlichen Ode, die ihr in Gedanken lag, und versank in dem Strome von Empfindungen, den sie in dieser Losung über mich ausgoß.« Man würde einige naheliegende Wörter in die Suchmaschine eingeben und mit wenigen Klicks bei Friedrich Gottlieb Klopstocks (1724–1803) *Frühlingsfeier* landen. Und dann, endlich, würde irgendjemand im Raum die entscheidende Frage stellen: »Was bedeutet das alles?«

Was zum Beispiel bedeutet es, wenn der Regen draußen nicht unmittelbar erlebt, sondern mitten im Erlebnis mit einem Gedicht, einer Ode, einem Song verglichen wird? Wie wahrscheinlich ist es, dass zwei Menschen in einer solchen Situation an den gleichen Song denken bei all den Musikrichtungen, die es heute so gibt? Wie sähe ein interessantes Meme zu einem Frühlingsgewitter aus, mit welchen Bildern und Vergleichen würde man es dem Freund oder der Freundin in einer anderen Stadt posten? Und was ist das überhaupt für eine Verbindung zwischen Lotte und Werther, was für eine Liebe? Vor allem: Was bedeutet es für einen ziemlich populären Text wie den *Werther*, der den Leser*innen seiner Zeit in bestimmten empfindsamen Momenten wahrscheinlich noch stärker »in Gedanken lag« als Klopstocks *Frühlingsfeier*, was bedeutet es für einen solchen Text, wenn er die Auswirkungen empfindsamer Lektüren selbst zum Thema macht?

Gemeinsam würden die Leser*innen die paradigmatische Achse der Sprache nach oben klettern, und sie würden allerlei alternative Wörter, Bilder und Texte herunterholen, um sie probeweise in Goethes Syntagma und in die Syntagmen der eigenen Verständigung einzusetzen: den Topos vom lesenden Liebespaar, Paolo und Francesca, Heloise und Abaelard … Eine besonders ambitionierte Leserin, die durch ihr Germanistik-Studium auf den Stellenkommentar einer bekannten *Werther*-Edition gestoßen wäre, könnte eine (natürlich nicht ganz gelesene) Ausgabe von Augustinus' *Bekenntnissen* hervorholen und eine bestimmte Stelle vorlesen, um noch eine andere Ähnlichkeit ins Spiel zu bringen: So wie Werther und Lotte nämlich am Fenster Klopstock anbeten, so betet der junge Augustinus in einer berühmten Szene seiner *Bekenntnisse* mit seiner Mutter Gott an. Mit seiner Mutter??? Und dann würde die Germanistin, mit Freud und Ödipus im Kopf, ein weiteres Mal die Frage nach der Bedeutung solcher Vergleiche stellen …

Die Weltliteratur ist voll von beunruhigenden Texten, die aus dem Assoziieren und Vergleichen ihr poetisches Kapital schlagen. Manche dieser Texte gehen sogar so weit, dass sie die

Unruhe der Zeichen gleichsam mitspielen und in ihrer Form reflektieren. Solche Texte wirken heute oft »sperrig« und »unlesbar«, weil sie, von der Lust an Ähnlichkeiten und Vergleichen getrieben, das ordentliche Erzählgeschäft immer wieder unterbrechen, weil sie digressiv vom Hundertsten zum Tausendsten kommen und weil sie durch ihre »Geistes-Freiheit«, wie Jean Paul (1763–1824) in seiner *Vorschule der Ästhetik* schreibt, andauernd den »Blick von der Sache […] gegen ihr Zeichen hin« wenden. Bei allegorisch-wuchernden Barock-Texten ist das zum Beispiel der Fall. Aber auch bei den Meistern der witzigen Abschweifung im 18. Jahrhundert: bei Laurence Sterne oder Jean Paul. Letzterer macht das sprachliche Springen, Vergleichen und Verdoppeln oft schon dadurch sichtbar, dass er den Erzähldiskurs in einen Haupt- und einen Fußnotentext aufspaltet. Wie der Reiz des Wortspiels für Jean Paul mit dem »Erstaunen über den Zufall« zusammenhängt, »der durch die Welt zieht, spielend mit Klängen und Weltteilen«, so liegt auch der Reiz all der Fußnoten und Vergleiche genau darin: dass man als Leserin und Leser, springend von Lemma zu Lemma, von Querverweis zu Querverweis, aus der deutschen Provinz in die unendlichen Weiten des kulturellen Universums reist. Auf engstem Raum realisieren Jean Pauls Fußnoten das, was in der *Vorschule der Ästhetik* vom Roman insgesamt gefordert wird: »eine poetische Enzyklopädie«, die zugleich »eine poetische Freiheit aller Freiheiten« ist.

Man könnte eine ganze Literatur- und Lesegeschichte nur über diese Formen und Erfahrungen der Freiheit schreiben. Es wäre eine Geschichte über die (Früh-)Romantiker und ihre progressive Universalpoesie, es wäre natürlich eine Geschichte über die literarische Moderne und das, was der italienische Philosoph und Weltbestseller-Autor Umberto Eco (1932–2016) als »offenes Kunstwerk« bezeichnet hat, und es wäre, ausgehend von Eco, auch eine Geschichte über die sogenannte

Postmoderne. Vor allem aber wäre es eine Geschichte darüber, wie durch die Jean Paul'sche »Geistes-Freiheit« plötzlich Weltteile, Namen und Wörter in die poetischen Syntagmen geraten, die vorher ausgegrenzt wurden: Psychiatrie und Krebsbaracke, Mathematik und Naturwissenschaften, Markennamen und Pop.

Bei den Romanen würde diese Geschichte von *Tristram Shandy* und *Bouvard et Pécuchet* über *Middlemarch* und *Mrs Dalloway*, den *Ulysses* und *Mann ohne Eigenschaften* bis hin zu *La Jalousie* und *Rayuela*, zu *House of Leaves* oder *Infinite Jest* reichen. Und wenn es so etwas wie Entschleunigung in der Literatur gibt, dann wäre sie in genau solchen Romanen zu finden, weil sie zu großen Teilen aus dem bestehen, was die Erzählforschung *Pausen* nennt: Die Handlung steht still, der Text jedoch läuft rastlos mit seinen Beschreibungen und Kommentaren, seinen Abschweifungen und Vergleichen immer weiter und weiter.

Es muss aber nicht unbedingt einer der großen, enzyklopädischen Romane voller essayistischer Abschweifungen und erzählerischer Pausen sein. Vor allem der Essay selbst ist seit Michel de Montaigne (1533–1592) die Prosaform der Unruhe par excellence. Und auch in der Kurzprosa regiert die Unruhe der Welt mit ihrer unaufhörlichen Praxis des Vergleichs. In den Worten des österreichischen Aphoristikers und Autors Alfred Polgar (1873–1955):

> Das Leben ist zu kurz für lange Literatur, zu flüchtig für verweilendes Schildern und Betrachten, zu psychopathisch für Psychologie, zu romanhaft für Romane [...]. Ewigkeiten erweisen sich als zeitlich, die solidesten Götter als Götzen, alle Anker sind gelichtet, kein Mensch weiß, wohin die Reise geht, aber daß sie geht und wie sausend rasch sie geht, spüren wir am Schwindel: wer wollte da mit überflüssigem

Gepäck beladen sein? Ballast ist auszuwerfen – und was alles entpuppt sich nicht als Ballast? –, kürzeste Linie von Punkt zu Punkt heißt das Gebot der fliehenden Stunde.

Walter Benjamins (1892–1940) Denkbilder wären hier zu nennen, der nur scheinbar so ruhige Robert Walser (1878–1956), die geradezu anarchische Kurzprosa von Daniil Charms (1905–1942), Ilse Aichinger (1921–2016) und Günter Eich (1907–1972) – »Meine Maulwürfe sind schneller als man denkt. Wenn man meint, sie seien da, wo sie Mulm aufwerfen, rennen sie schon in ihren Gängen einem Gedanken nach, an eingesteckten Grashalmen könnte man ihre Geschwindigkeit elektronisch filmen.« –, aber auch die gesammelten »Ausschweifungen« Ror Wolfs, Max Goldts kultursemiotische Glossen oder die Prosa-Sammlungen von Alexander Kluge.

Vor allem die Lyrik ist seit jeher *der* Ort der beunruhigenden Ähnlichkeiten und Vergleiche. Denn die Grundoperation jeder Metapher ist die überraschende, paradigmatische Ersetzung bzw. Substitution, durch die neue, aus dem Kontext springende Wörter in das vorliegende Syntagma geraten. Jedes Wort braucht nur metaphorisch – um mit Gottfried Benn zu sprechen – »die Schwingen zu öffnen und Jahrtausende entfallen« seinem Flug. Schon bei der einzelnen Metapher also finden weite Reisen ins kulturelle Gedächtnis statt:

> Jedes Wort ist ein Strahlenbündel: Der Sinn bricht in verschiedene Richtungen aus ihm hervor und eilt nicht auf den einen, offiziellen Punkt zu. […] Poesie unterscheidet sich gerade dadurch von einer automatischen Rede, daß sie uns weckt und aufrüttelt in der Mitte des Wortes. Dann erweist dieses sich als weitaus länger, als wir gedacht haben, und wir erinnern uns, daß Sprechen bedeutet – immer unterwegs zu sein.

Worauf sich der russische Dichter Ossip Mandelstam (1891–1938) hier bezieht, ist die Vorstellung der russischen Formalisten, dass Kunst unsere Wahrnehmung entautomatisieren soll. Die Kunst wendet dabei zwei Verfahren an: »die Verfremdung der Dinge und die Komplizierung der Form, um die Wahrnehmung zu erschweren und ihre Dauer zu verlängern«. Diese Verlängerung der Wahrnehmung, bei der sich das einzelne Wort »als weitaus länger« erweist, »als wir gedacht haben«, wird durch die Zeit in Anspruch nehmende Bewegung der Zeichen (und Lektüren) auf der paradigmatischen Achse der Sprache bewirkt.

Der Literaturwissenschaftler Wolfram Groddeck erinnert in seinen *Reden über Rhetorik* daran, dass noch heute in Griechenland »Lastwagen mit der Aufschrift ›ΜΕΤΑΦΟΡΕΣ‹« (*metaphorés*) herumfahren, »ohne daß es den Einheimischen weiter auffiele, denn das Wort μεταφορά bedeutet wörtlich übersetzt einfach ›Transport‹.« Bei vielen in den Alltagsgebrauch eingegangenen Metaphern nimmt man diesen Transport, bei dem paradigmatisch oft gewaltige Strecken zurückgelegt werden, meist nicht mehr wahr. Dabei ist sogar noch bei einer so abgenutzten Metapher wie »Achill ist ein Löwe«, die seit Aristoteles immer wieder als Paradebeispiel herhalten muss, der Aspekt des Transports immer noch wahrnehmbar: Stellt man sich den Ort der Metaphernbildung im Hirn des blinden Homer, der den Vergleich zwischen Achill und Löwe in seiner *Ilias* benutzt, als einen Hafen oder Umschlagplatz vor, dann sieht man den von Afrika nach Griechenland verschifften Löwen förmlich vor sich. So naheliegend uns das verbindende mittlere Vergleichsglied, das *Tertium comparationis* von dem Mut und der Stärke zweier ›königlicher‹ Lebewesen vorkommen mag, so weit liegt doch die Fauna Afrikas weg, und wie so ein Löwe »gähnend zum Sprunge« sich krümmt, so findet auch bei der Metapher selbst ein semantischer Sprung statt, indem vom

Register des halb menschlichen, halb göttlichen Heroen in das Register der Raubkatze gewechselt wird.

Für Wolfram Groddeck ist angesichts solcher Austauschprozesse und Übertragungen »eine namenlose Unruhe der Bedeutungen« am Werk, »die ungeduldig hin- und herrutschen«:

> Anfangs halten sich die Bedeutungsübertragungen noch an den Inhalt ihres eigentlichen Begriffs, dem sie dienen sollen, dann werden sie dieser Beschränkung müde, sie verschieben sich in semantisch benachbarte Bereiche, und schließlich setzen sie zum Sprung an ins Gegenteil des eigentlich Gemeinten oder zu etwas ganz anderem, das ihnen nur ähnlich sieht. Für solche nomadische Unruhe hat die Rhetorik die Namen der Tropen erfunden [...].

Einer der zeitgenössischen Lyriker, in dessen Gedichten man dieser nomadischen Bewegung und Unruhe regelrecht zuschauen kann, ist Paulus Böhmer (1936–2018). Beim Lesen etwa seines großartigen *Kaddish*-Langgedichts kommt man den permanenten Sprüngen und Vergleichen gar nicht mehr hinterher. Vom Vokabular aus Botanik, Anatomie und Mythologie bis hin zum Alltag zwischen »Hertie und Hauptbahnhof« zieht *Kaddish* alle sprachlichen Register: Man erkennt Strukturen, es gibt immer wieder Wörter und Bilder, die sich wiederholen, parataktische Satzmuster und Rhythmen, die wiederkehren, vereinzelt sogar Reime, die aber nie selbstverständlich wirken, und gleichzeitig scheint dieses gesamte System in fortwährender Bewegung zu sein, jede Wiederholung auch eine Verschiebung, jedes Bild assoziativ weiterwuchernd, kein Rhythmus, der nicht auch arhythmisch gebrochen wäre. Eine Textur voller Leben und wuchernder Bewegung also, in der gerade deshalb Raum für das Sprechen über Krankheit, Grausamkeit und Tod ist.

Ganz anders dagegen Monika Rincks Gedicht *das gegenteil von verführung*, in dem es um eine vertrocknete Büropflanze geht:

> dieses dörren, ist das jetzt noch protest gegen den fortgang
> der zeit –
> oder dieses unmerkliche wachstum trotz schlechter
> behandlung,
> seit jahren hab ich den gammligen rest aus den tassen –
> will hier
> einer noch kaffee – in die töpfe gekippt, oder sie wurden
> wochenlang
> gar nicht gegossen, lockere, holzige stängel in so etwas
> wie erde.
> dass sie weiterhin wachsen oder so tun: sie parodieren
> das leben.
> und in meinen rücken stemmen sie stumm ihre kippligen
> schwerter,
> ausgehebelt beim transport von einem büro in das
> andre. […]

Passend zum Thema wuchert hier sprachlich im Unterschied zu Paulus Böhmer nicht sehr viel. *das gegenteil von verführung* ist aber nicht einfach nur ein Gedicht über eine vernachlässigte Büropflanze, sondern ein Text, der diese Büropflanze von Anfang an verdoppelt, also als Zeichen zu lesen versucht. Mehr noch: Es ist ein Text, der über das Benutzen und Lesen seiner eigenen Metaphorik nachdenkt – nicht zufällig ist auch hier von »transport« die Rede.

Die Frage ist jedoch, was hier eigentlich metaphorisch transportiert wird. Mit seiner fortgesetzten Büropflanzen-Metaphorik handelt es sich bei dem Gedicht offenbar um einen allegorischen Text. Aber was will uns diese Allegorie sagen?

Gleich im ersten Vers wird ja eine Allegorese, eine mögliche Deutung, angeboten: Die verdörrende, hässliche Pflanze ist eine Metapher für den »protest gegen den fortgang der zeit«. Zack, schon bilden sich die ersten Vergleiche, und es tun sich irgendwelche barocken Vanitas-Stillleben mit herabgefallenen Blütenblättern vor dem inneren Auge auf. Andererseits ist dieses Gedicht ganz in der Gegenwart des heutigen Büro-Alltags mit »prozessor« und »heidrun« verortet und meidet bewusst die schönen, naheliegenden Vanitas-Bilder:

[…] sie lehnen
in ecken, betreiben tristesse und photosynthese.
was eben noch
den prozessor kühlte, verbrauchen jetzt unsere
achtstündigen lungen.
was ist denn das fürne pflanze? die hat heidrun
mitgebracht, man hat
schon hunde ohne fell gezüchtet, hat man, aber pflanzen
ohne blätter?
vor diese pflanze stell ich mich hin und sage in das surren
der rechner:
»einst ruhe ich ewige zeit.« und denke das draußen,
ein wehen, zärtlich,
die blätter, die blätter, bewegt im verbund und unter
ihres-irisgleichen,
und diese eine hässliche pflanze hier als erlösergestalt,
so dass wir alle,
alle auferstehen in eine nicht mehr brauchbare zeit,
in der wir nicht säen,
nicht ernten, nur ausharren im gegenteil von verführung.
alle sagen:
morgen bringe ich torf mit. es kommt der morgen,
keiner bringt torf mit.

Die vernachlässigte Büropflanze als Vorschein also auf »eine nicht mehr brauchbare zeit« jenseits der ökonomischen Verwertungslogiken, mit denen die Rechner und die Büroangestellten gleichermaßen programmiert sind? Ist es das? Aber braucht und verwertet der Text nicht die Büropflanze als Allegorie und kann deshalb selbst nicht aus dem Ökonomischen heraus, »das draußen« eben nur denken? Holt das Gedicht aber das »wehen« nicht doch insofern von draußen herein, als es »iris«, die Götterbotin und Personifikation des Regenbogens, die laut Wikipedia Wind erzeugen kann, ins lyrische Syntagma setzt – und mit dem hauchenden *b*-Klang in »die *b*lätter, die *b*lätter, *b*ewegt im ver*b*und« buchstäblich selbst Wind in den Text bläst?

Man kann Stunden mit solchen Fragen und Beobachtungen verbringen, und so gesehen sollte jeder, der an Entschleunigung interessiert ist, unbedingt in aller Ruhe solche Gedichte lesen. »Weil das Gedicht kein Geld hat, hat es Zeit«, schreibt Monika Rinck an anderer Stelle. Doch auch hierbei sollte man sich keinen allzu kontemplativen Illusionen hingeben. Wie ich als Leser solcher Gedichte in eine angeregte und vergnügte, manchmal auch genervte und verzweifelte *Vita activa* gerate, bei der ich von überallher mehr oder weniger erfolgreich »torf« mitbringe, so verbirgt sich selbst hinter einer so unscheinbaren Büropflanzen-Allegorie eine enorme enzyklopädische Aktivität, die mich locker – und durchaus verführerisch – vom »surren der rechner« über barock verwelkte Blütenblätter bis hin zu einer christlichen »erlösergestalt« und einer schillernden Göttin aus der griechischen Mythologie springen lässt.

»Texte sind Mittel, um Teile enzyklopädischer Information zu vergrößern oder zu narkotisieren«, schreibt Eco, und Gedichte haben in der Regel kein Interesse am Narkotisieren. Das ist eher die Aufgabe dessen, was Mandelstam »automatische Rede« nennt. Automatische Rede nämlich tut so, als ob sich die

Wörter im Syntagma von selbst ergäben, und verheimlicht damit die Unruhe der Welt. Noch einmal Baecker:

> Der moderne Kulturbegriff führt das Wissen um die Kontingenz aller Lebensformen in die moderne Gesellschaft ein. Aber er tut dies heimlich. Er verdeckt seine Operation, indem er nicht den Vergleich betont, sondern das Unvergleichbare, nicht den Zweifel, sondern die Identität, nicht das Zufällige, sondern das Authentische. Der moderne Kulturbegriff ist eine Falle. Er lockt mit Orientierung, hat aber nur die Ungewißheit zu bieten, wie lange die eine Orientierung gegenüber anderen Orientierungen aufrechterhalten werden kann.

Lyrik betont wie keine andere literarische Gattung den Vergleich und damit auch Zweifel und Kontingenz. Sie ist so gesehen ein ideales Übungsfeld im Umgang mit den Unsicherheiten und Ungewissheiten der modernen Kultur.

Das gut gemeinte Bild des ruhigen *armchair readers* mit gedrucktem Buch in der Hand und dampfender Teetasse auf dem Beistell-Tisch täuscht über diese beunruhigende Kontingenzerfahrung hinweg und betont das scheinbar Unvergleichbare, die Identität und das Authentische. Natürlich ist es im Medienvergleich ein wichtiger Unterschied, ob die (schnellen) Bilder audiovisuell vorgegeben sind oder sich wie beim Lesen nur in der eigenen Vorstellung abspielen. Auch dass am Ende eines gelesenen Abschnitts unten rechts kein Fenster mit Countdown dazu auffordert, zum nächsten Abschnitt weiterzuklicken wie bei den Episoden einer Netflix-Serie, führt vielleicht zu einer größeren Gelassenheit – ganz zu schweigen von dem guten Gefühl, bei der Lektüre eines gedruckten Gedichtbands nicht wie sonst mit den datenhungrigen Rechnern eines milliardenschweren Konzerns verbunden zu sein. Oder anders:

Ich werde beim Lesen gedruckter Bücher nicht zeitgleich selbst gelesen, und ich werde nicht durch irgendwelche Algorithmen im Hintergrund zu weiteren Aktionen animiert, durch die ich die Relevanz der Plattformen kostenlos zu optimieren helfe. Ich selbst darf dann ausnahmsweise einfach nur Leser und Empfänger sein und muss endlich mal – entgegen der emanzipatorisch gedachten Radio-Theorie von Bertolt Brecht – nichts senden. Dennoch bleibt man auch beim gedruckten Buch verbunden mit der Unruhe der Welt.

2. Nachbarschaften

Lesen heißt auf eine Reise gehen.
Alberto Manguel

Wer liest, will weg. Will heraus aus den Büros mit den vertrockneten Zimmerpflanzen. In Maurice Sendaks (1928–2012) Kinderbuch *Higgelti Piggelti Pop! oder Es muss im Leben mehr als alles geben* ist es eine solche Zimmerpflanze, die nicht verstehen kann, warum der Hund Jennie seine Sachen packt und in die weite Welt ziehen will:

»Du hast alles«, sagte die Topfpflanze, die zum selben Fenster hinaussah.

Jennie knabberte an einem Blatt.

»Du hast zwei Fenster«, sagte die Pflanze. »Ich habe nur eines.«

Jennie seufzte und biss ein weiteres Blatt ab. Die Pflanze fuhr fort:

»Zwei Kissen, zwei Schüsseln, einen roten Wollpullover, Augentropfen, Ohrentropfen, zwei verschiedene Fläschchen mit Pillen und ein Thermometer. Vor allem aber liebt er dich.«

»Das ist wahr«, sagte Jennie und kaute noch mehr Blätter.

»Du hast alles«, wiederholte die Pflanze.

Jennie nickte nur, die Schnauze voller Blätter.

»Warum gehst du dann fort?«

»Weil ich unzufrieden bin«, sagte Jennie und biss den Stengel mit der Blüte ab. »Ich wünsche mir etwas, was ich nicht habe. Es muss im Leben noch mehr als alles geben!«

Die Pflanze sagte nichts mehr.

Es war ihr kein Blatt geblieben, mit dem sie etwas hätte sagen können.

Literatur, könnte man sagen, erweitert die alltägliche Liste mit den Kissen und Wollpullovern, weil so eine Liste niemals ›alles‹ enthalten kann, und sie lässt uns mit dem von zu Hause aufbrechenden Hund Jennie Erfahrungen machen, die man vom Kissen aus hinter dem verschlossenen Fenster nicht machen kann. Zwar besteht das Beunruhigende all der Geschichten, die vom Aufbrechen und Reisen erzählen, auch darin, dass eben nur unser imaginärer Stellvertreter im Text aufbricht, während wir beim Lesen weiterhin hinter dem Fenster auf unserem gemütlichen Kissen sitzen. Dafür aber kann man, wenn man durch die Fenster der Bücher schaut, unendlich viel mehr sehen als der Hund in Sendaks Erzählung durch seine beiden Fenster zu Hause.

Die Liste unseres Erfahrungsraums wird durch das Lesen immer länger und länger: Zu den Kissen, Wollpullovern und Thermometern gesellen sich riesige Pferde aus Holz, Drachen und fliegende Teppiche; Fährmänner tauchen auf, die uns mitnehmen in das Reich der Toten; der Tod selbst tritt auf in unterschiedlichster Gestalt, aber auch schöne, lebendige Frauen, wegen derer man Kriege führt, und Kriegerinnen, die ihre Geliebten zerreißen. Der Phantasie sind keine Grenzen gesetzt. Und wer nicht nach Troja oder Bagdad, nach Mittelerde oder Westeros reisen will, der kann auch 20 000 Meilen unter den Meeren, mit einer Rakete zum Mond oder mit einer speziellen Maschine durch die Zeiten reisen.

Wie die Texte lustvoll fabulieren und voller Hingabe die komplexesten Welten entwerfen, so ist es auch für die Leser*innen eine große Lust, sich in diesen Welten zu bewegen und gemeinsam mit Odysseus, Harry Potter oder Arya Stark gefährliche Abenteuer zu bestehen. Auch das gehört zu jener Freiheitserfahrung, von der bereits die Rede war, und die Übergänge zwischen der Lust an genauer Beobachtung und hochkomplexem *worldbuilding* auf der einen Seite und der Lust am

Beobachten der Beobachtung auf der anderen Seite, der Jean Paul'sche Blickwechsel also »von der Sache [...] gegen ihr Zeichen hin«, sind oft fließender, als man denkt. Schon früh jedenfalls haben sich gerade die Abenteuer- und Reisegeschichten nicht mords-, sondern *meta*mäßig über ihre eigenen Stürme und Gewitter, ihre Retardierungen und Rettungen lustig gemacht.

Zunächst einmal muss die Welt aber überhaupt errichtet werden. Und wie bei jedem gut gemachten Hollywoodfilm muss der Schnitt dabei, das eigene Tun, die Arbeit hinter den Kulissen, möglichst unsichtbar bleiben. Das Verfahren, mit dem das bewerkstelligt wird, nennt man in der Literatur seit dem 19. Jahrhundert »Realismus«. Gemeint ist damit nichts anderes als ein flüssiges, eingängiges Erzählen, bei dem sich, so Roland Barthes, »die Verbindung zweier wichtiger Wörter [...] *von selbst versteht*«. Statt um Komplizierung der Form oder allzu schwieriges Klettern auf der paradigmatischen Achse der Ähnlichkeit geht es dabei um ein reflexhaftes, automatisches Springen im Kopf vom gelesenen Text zur erzählten Welt. »Die vermeintliche Wirklichkeitsnähe der Prosa ist ein Effekt ihrer [...] eingängigeren Machart.« Wir nehmen beim Lesen nicht mehr wahr, dass es zwischen den Zeichen und ihren Bedeutungen einen arbiträren Spielraum gibt, dass wir trotz der Kürze der Verstehensreflexe immer noch einen Zeit-Raum zurücklegen. Mit Dirk Baecker gesprochen: Realistische Texte *verheimlichen* ihre eigene Kontingenz, ihre Zeichen scheinen identisch mit ihren Referenzen zu sein. Dieser Schein entsteht dadurch, so der Sprach- und Literaturwissenschaftler Roman Jakobson (1896–1982), dass die Zeichen metonymisch verknüpft sind:

> Den Prinzipien der Kontiguitätsrelation folgend, geht der realistische Autor nach den Regeln der Metonymie von der

Handlung zum Hintergrund und von der Person zur räumlichen und zeitlichen Darstellung über. Er setzt gerne Teile fürs Ganze.

Das klingt kompliziert, meint aber etwas sehr Einfaches: Im Unterschied zur Metapher nämlich springt die Metonymie nicht paradigmatisch in ein anderes Register, also wie bei »Achill ist ein Löwe« in das Register der Raubkatzen, sondern sie gleitet syntagmatisch zu benachbarten Wörtern, mit denen sie durch räumliche oder zeitliche Nähe verbunden ist. Bei der Frage: »Trinken wir noch ein Glas?« (was ja eigentlich nicht geht) steht das Gefäß in räumlicher Nähe zum Inhalt, deshalb muss ich nicht korrekt fragen: »Trinken wir noch Wein?« Entscheidend ist aber, dass sich das metonymische Gleiten nicht nur hinter einzelnen Formulierungen wie »ein Glas trinken« verbirgt, sondern in realistischer Prosa die gesamte Bewegung der Sätze bestimmt. Nachbarschaft bedeutet dann schlicht die Erwartung bestimmter Zeichen durch die Anwesenheit anderer Zeichen. Der Frage »Trinken wir noch ein Glas?« könnten in einem realistisch erzählten Text zum Beispiel folgende, durch Kontiguität verbundene Sätze vorangegangen sein:

> Der Kellner hatte bereits die Teller abgeräumt. Das Salbeihühnchen mit Zuckerschoten und Kartoffelgratin war wieder so lecker gewesen. Die Kartoffeln hauchdünn geschnitten, die Zuckerschoten bissfest, wie er es liebte. Aber warum hatte sie nichts gesagt? Gefiel es ihr hier nicht? Es kam ihm wie ein Wunder vor, dass sie mit ihm in sein Lieblingsrestaurant gekommen war. Aber wie ging es jetzt weiter? Da schaute sie ihn plötzlich an und fragte: »Trinken wir noch ein Glas?«

Flüssiges, automatisiertes Lesen verdankt sich den Regeln der Metonymie. Bei der einzelnen Metonymie »ein Glas trinken«

ist es die Kontiguität zwischen Gefäß und Inhalt; bei Adjektiven und Adverbien wie »hauchdünn geschnitten« und »bissfest« ist es die Kontiguität zwischen dem Gemüse und seiner Verarbeitung und Konsistenz; bei der gesamten Restaurant- und Datingszene ist es die Kontiguität zwischen meinen Vorstellungen beim Lesen und bestimmten kulturellen Codes, die ich abrufe: Man kennt unzählige Restaurantszenen aus amerikanischen Liebesfilmen, ähnliche erlebte Reden von verunsicherten männlichen Subjekten aus diversen Romanen und natürlich die üblichen Abläufe und Requisiten beim Essen im Restaurant aus der eigenen Alltagserfahrung, so dass man beim Lesen selbst qua Kontiguität zum Nachbarn des Erzählten wird.

Vorausgesetzt aber, dass das so ist, dass es bei realistisch erzählten Texten um Automatismen und Nachbarschaftsbeziehungen geht, darum, dass ich mich innerhalb ganz bestimmter Frames und vorgegebener Skripte bewege: Komme ich dann wirklich weg beim Lesen, wie eingangs behauptet?

Die literarische Moderne, die an radikal neuen, nicht vorcodierten Zeichen und Syntagmen interessiert war, hat am Realismus genau diese bequeme Vorliebe für das metonymisch Naheliegende kritisiert. André Breton (1896–1966) etwa schreibt 1924 in seinem *Ersten Manifest des Surrealismus*:

> Dagegen scheint mir die realistische Haltung […] als jedem intellektuellen und moralischen Aufschwung absolut feindlich. Sie ist mir ein Greuel, denn sie ist aus Mittelmäßigkeit gemacht, aus Haß und platter Selbstgefälligkeit. […]
>
> Und die Beschreibungen erst! Nichts kann nichtssagender sein als sie; übereinandergeschichtete Katalogbilder sind das, der Verfasser macht es sich immer leichter, er ergreift die Gelegenheit, mir seine Ansichtskarten zuzuschieben, versucht mein Einverständnis zu gewinnen mit seinen Gemeinplätzen […].

Dem Realismus wohnt also durch die ihm zugrundeliegenden Nachbarschaftsbeziehungen eine Tendenz zu Stereotypen inne. »Das Stereotype«, schreibt Roland Barthes in *Die Lust am Text*,

> ist das Wort, das wiederholt wird ohne jede Magie, ohne jede Begeisterung, als wenn es natürlich wäre, als wenn, wie durch ein Wunder, dieses wiederkehrende Wort jedesmal aus anderen Gründen angemessen wäre, als wenn das Imitieren nicht mehr als Imitation empfunden werden könnte: ein zwangloses Wort, das auf Konsistenz Anspruch erhebt und seine eigene Insistenz nicht kennt.

Hinter diesem scheinbar Natürlichen, Naheliegenden und Selbstverständlichen verbirgt sich für kritische Leser wie Breton oder Barthes nichts anderes als Zwang und Gewalt. Das metonymische Gleiten ist, wenn man genauer hinschaut, ein mechanisches Abklappern von Gemeinplätzen, bei dem nichts Neues entsteht, und die Summe all der Gemeinplätze ist für Roland Barthes ein »Monster« namens »Ideologie«, das wie jede Ideologie das Partikulare und kulturell Bedingte als universell und natürlich ausgibt. Die zugrundeliegenden kulturellen Codes sind Klassencodes, die den Eindruck erwecken, dass von ›der Welt‹ erzählt würde. Tatsächlich aber werden lediglich »Katalogbilder« und »Ansichtskarten«, also Klischees reproduziert.

Nicht zufällig hat der Literaturkritiker Thomas Steinfeld das Verfahren bestimmter Bestseller mit touristischem Sightseeing verglichen. Denn auch beim Sightseeing sieht man nicht ›die Welt‹, ein bestimmtes Gebäude, ein Denkmal, eine Landschaft, sondern eben »eine ›sight‹, eine ›Ansicht‹. Man sieht das schon Gesehene«. Das Bild sei »zu einem eigenen Gegenstand geworden, an dem sich der leibhaftige Gegenstand zu messen hat (und keineswegs umgekehrt)«. Auch wenn es einen direkten, authentischen Zugang zum »leibhaftigen[n] Gegenstand« gar nicht gibt und schon Goethes Werther beim Blick aus dem Fenster nur das schon Gesehene bzw. bei Klopstock Gelesene sieht, schärft der Sightseeing-Begriff doch das Bewusstsein dafür, dass es im realistischen Erzählen nicht um ›die Welt‹, sondern um einen Handlungscode, ein standardisiertes Ablaufschema geht, das die Literatur mit dem Tourismus verbindet. Am Beispiel von Dan Browns Bestseller *Origin* weist Steinfeld dabei auf zwei Phänomene hin:

Erstens ist die Menge an abgeklapperten Sehenswürdigkeiten pro Seite größer als bei vielen anderen Texten. Die erzählerische Geschwindigkeit des Sightseeing ist also extrem hoch. Und *zweitens* wird das Gesehene nicht einfach beschrieben, sondern permanent kommentiert – ein Phänomen, das dem Literaturwissenschaftler Richard Brinkmann bereits bei der Analyse realistischer Romane des 19. Jahrhunderts aufgefallen ist; er spricht von der »Sauce«, die der Erzähler des Poetischen Realismus über das Erzählte kippt. So auch bei Dan Brown über 150 Jahre später: Wenn Robert Langdon, die Hauptfigur von *Origin*, die Sagrada Família in Barcelona erblickt,

> sieht er nicht nur das Gebäude, sondern denkt auch, dass er diese Kirche sieht, während gleichzeitig – ob in seinem Inneren oder durch den Autor ist meist nicht zu erkennen – eine Art Wikipedia-Eintrag vorgetragen wird: »Nach seiner Fertigstellung wird der höchste Turm der Sagrada Família bis in schwindelerregende einhundertzweiundsiebzig Meter Höhe aufragen – höher als das Washington Monument –, womit sie die höchste Kirche der Welt sein wird, mehr als dreißig Meter höher als der Petersdom im Vatikan.«

Die ›sight‹ wird durch dieses Addieren von Informationen, so Steinfeld, mit einem »leeren Schein von Bedeutsamkeit« versehen.

Steinfelds ideologiekritische These, dass Sightseeing – in echt oder in der Literatur – dem Verstand schade und einen fundamentalen Mangel an Erfahrung anzeige, muss man nicht teilen, um im Sightseeing ein wichtiges, kommerziell sehr erfolgreiches Erzählverfahren zu sehen. Der amerikanische Literaturkritiker James Wood spricht angesichts solcher Verfahren nicht zufällig von einem »kommerziellen Realismus«, der dadurch gekennzeichnet ist, dass wir beim Lesen zwar all den realistischen Details problemlos folgen können, das Ganze aber nicht »besonders lebendig« wirkt:

> Die Erzählweise, die Grammatik dieses Realismus, soll uns Folgendes verkünden: »So sieht die Realität *in einem Roman wie diesem* aus – ein paar Details, nicht außergewöhnlich, aber mit Geschmack gewählt und ausgeführt, hinreichend, um die Szenerie in Gang zu bringen.«

Neben diesem Wiedererkennen gängiger Szenerien ist es vor allem der von Steinfeld konstatierte »Schein der Bedeutsamkeit«, der viele Leser*innen weltweit trotz zunehmender Medienkonkurrenz zu realistisch erzählten Romanen greifen lässt. Eco hat für erfolgreiche Romane dieser Art den Begriff »Midcult« vorgeschlagen. Denn was Midcult-Produkte in der Literatur, im Film, in der bildenden Kunst im Unterschied zu den lustvoll fabulierenden, den knalligen und trashigen Produkten der sogenannten ›Massenkultur‹ auszeichnet, ist ihr Wunsch, Unterhaltung mit (bildungsbürgerlichem) Anspruch zu verbinden. Midcult-Romane bieten nicht einfach nur einen süffigen, gut erzählten Text, sondern wollen die Leser*innen auch davon überzeugen, »das Herz der Kultur schlagen gehört zu haben«. Ecos Beispiel aus der bildenden Kunst sind die Frauenporträts des Malers Giovanni Boldini (1842–1931): Einerseits will Boldini den Betrachter bei diesen Auftragsarbeiten verführen und erregen, indem er die Lippen, die Schultern, den nackten Hals sehr kulinarisch-naturalistisch malt; andererseits ›macht‹ Boldini in Avantgarde, indem er bei den Falten und Farben der Kleider auf die ›anspruchsvolleren‹ Kunstmittel des Impressionismus zurückgreift. Für Eco stellt diese »Einführung von fremden Stilmitteln in einen Kontext, der sie nicht aufzunehmen vermag«, eine strukturelle Lüge, d. h. Kitsch dar: »Kitsch ist [...] das Werk, das zum Zweck der Reizstimulierung sich mit dem Gehalt fremder Erfahrungen brüstet und sich gleichwohl vorbehaltlos für Kunst ausgibt.«

Wenn man so will, hat Eco selbst mit seinem *Il Nome della Rosa* (*Der Name der Rose*) einen Roman vorgelegt, der mit dem Wunsch von uns Leser*innen rechnet, nicht nur gut unterhalten zu werden, sondern auch das Herz der Kultur schlagen zu hören. Der Unterschied zu Dan Brown ist allerdings, dass das enzyklopädische Wissen um die europäische, mittelalterliche Kultur nicht einfach additiv als »Sauce« über die Handlung gegossen wird, sondern Ecos *worldbuilding* sehr genau und differenziert aus dem Vollen des kulturellen Gedächtnisses schöpft. Außerdem ist der ganze Roman deshalb für ein bestimmtes Publikum so attraktiv, weil er inhaltlich nicht einfach eine vergangene Welt beschwört, sondern *performativ* mit seinem permanenten Zitieren und Vergleichen auch von der Unruhe der Gegenwart erzählt. Die Sinnkrise im mittelalterlichen Kloster wird so auch zur Unruhe der Postmoderne, und es ist kein Zufall, dass die aufs Zeichenlesen spezialisierte Detektivfigur die ganze Zeit einer falschen Hypothese folgt.

Erfolgreiche Romane müssen also nicht kitschig, die vom Publikum gewünschte Verbindung von Realismus und kulturellem Mehrwert kann auch intelligent und witzig sein. Eco empfiehlt daher, sehr genau auf die Abstufungen zwischen Avantgardekultur, Massenkultur und Kitsch zu achten. Wie immer sind auch im Feld der Bestseller nicht alle Katzen kulturkritisch grau. Worum es geht, ist der genaue Blick auf Einzelfälle.

Das belletristische Buch zum Beispiel, das sich 2017 in Deutschland hinter Maja Lundes *Geschichte der Bienen* und Dan Browns *Origin* am häufigsten verkauft hat, war kein kitschiger Wohlfühl-Titel, sondern ein hochliterarischer Roman über den Dreißigjährigen Krieg: Daniel Kehlmanns *Tyll*. Einer der zentralen Vergleiche in dem Roman ist bezeichnenderweise der Seiltanz: Zunächst einmal, das ist wichtig für den Erfolg, ist alles ganz szenisch und realistisch präzise – das Seil gespannt zwischen Kirchturm und Fahnenstange, mit entsprechenden Bildern im Kopf bei mir als Leser. Wenn es dann aber später vom Seiltanz heißt, er sei ein »dem Fallen davonlaufen«, geht es plötzlich um mehr: Der Seiltanz wird zum ambivalenten Symbol für unser aller Leben, vom Dreißigjährigen Krieg bis heute, und er wird zur poetologischen Metapher von Kehlmanns erzählerischer Leichtigkeit selbst – einer Leichtigkeit, die ohne Abgrund und Unruhe nicht zu haben ist.

Schon der Realismus des 19. Jahrhunderts hat immer wieder über solchen Abgründen, über historischen wie biographischen Krisenzeiten, getanzt. Auch etwa bei der so erfolgreichen Elena Ferrante wimmelt es nur so von krisenhaften Erfahrungen der Unzuverlässigkeit, der Trennung und (männlichen) Gewalt. Und bei einem internationalen Bestseller wie Hanya Yanagiharas *Ein wenig Leben* wollen sich die Wunden der Traumatisierung selbst nach 1000 Seiten Prosa nicht schließen. Die Frage also bei solchen Büchern ist nicht: Wo bleibt das Positive? Oder: Quo vadis, liebe Leserin, lieber Leser? Die viel interessantere Frage ist: Warum tun sich immer wieder Hunderttausende von Leser*innen weltweit solche Geschichten an?

Vielleicht sind diese Bücher deshalb so erfolgreich, weil sie – zumindest auf der Ebene des Plots – auf die Wellness-Lüge verzichten, sich also womöglich gerade mit ihren schwierigen Geschichten als glaubwürdige Krisenbegleiter für heutige Leser*innen erweisen.

Hier aber würde die nötige Debatte überhaupt erst anfangen. Denn warum wimmelt es in diesen Texten nur so von historischen und biographischen Krisen? Woher kommt die besondere Lizenz solcher Texte für schwierige Geschichten? Hat das mit dem Begehren nach Bedeutung und Tiefe zu tun, also damit, dass wir noch in der schlimmsten Krise das Herz der Kultur schlagen hören wollen? Und was ist über den Plot hinaus auf der Ebene der Erzählstimmen los? Wird hier womöglich doch so etwas wie ein Wohlgefühl, sozusagen Meta-Wellness, dadurch erzeugt, dass die Erzähler den Über- und Durchblick haben, so negativ auch sein mag, wovon ihre Geschichten handeln?

Da ist zum Beispiel dieses »Okapi«, das mich aus Mariana Lekys Überraschungserfolg *Was man von hier aus sehen kann* anspringt. Es taucht im Traum der Großmutter auf und ist eine Art Omen, ein Zeichen, das real stattfindende Todesfälle vorwegnimmt. Dieser realistisch erzählte Text, der in einem Dorf im Westerwald spielt, lädt sich also mit alten metaphysischen Vorstellungen von Schicksal und Vorsehung auf. Und er springt dabei metaphorisch vom Westerwald nach Afrika. Der Effekt ist eine interessante Ambivalenz: einerseits der Tod, das Sterben im Dorf, andererseits aber der metaphorisch-metaphysische Trost einer herbeizitierten Ordnung der Vorsehung. Der Poetische Realismus des 19. Jahrhunderts ist voll von solchen Sprüngen ins Märchenhafte und Metaphysische, voll von symbolischer Sinnstiftung und dem, was bei Fontane »Verklärung« heißt. Aber was sagen solche metaphorischen Sprünge über unsere Gegenwart aus?

Was macht das Okapi, was macht der Seiltanz mit mir, wenn ich davon lese?

Ein ganz anderes Seil taucht in den folgenden beiden Sätzen auf: »Der wahre Weg geht über ein Seil, das nicht in der Höhe gespannt ist, sondern knapp über dem Boden. Es scheint mehr bestimmt stolpern zu machen, als begangen zu werden.« Liest man den ersten Satz, scheint Kehlmanns metaphorische Höhe bewusst verlassen zu werden: Statt um virtuosen Seiltanz geht es eher um ein nicht allzu anspruchsvolles *slacklining* »knapp über dem Boden«. Dann aber kommt einem der zweite Satz in die Quere, weil an der syntagmatischen Stelle des unscheinbaren Personalpronomens »Es« hinterrücks ein Nomen-Tausch stattgefunden hat: Während man vorher noch als Leser in Richtung des gespannten Seils unterwegs war, ist das Seil nun – paradigmatisch substituiert – als Stolperseil *quer* über den Weg gespannt. Hier läuft kein realistisches Kopfkino mit unsichtbarem Schnitt ab, auch keine verklärende Aufladung mit Sinn. Vielmehr lande ich beim Lesen zwischen zwei Bildern und Bedeutungen, in der winzigen Unterbrechung zwischen erstem und zweitem Satz. Das Stolpern, von dem die Rede ist, wird zu meinem eigenen Stolpern beim Lesen dieser zwei Sätze von Franz Kafka (1883–1924). Und plötzlich wird klar: Man kann dem »Fallen« eben doch nicht davonlaufen.

Das Schöne am Lesen ist, dass man Kafka nicht gegen Kehlmann oder Leky ausspielen muss. Alle diese Texte stehen im kulturellen Gedächtnis *nebeneinander*. Aber wenn man keine Erfahrungen mehr mit der modernen Entautomatisierung des Verstehens macht, dann merkt man gar nicht mehr, was die realistischen Erzähler so alles mit einem anstellen.

Es mag zwar stimmen, was der Literaturkritiker Felix Stephan über ›sperrige‹ Texte schreibt: dass das »avantgardistische Unterlaufen […] aus der Perspektive der Achtzigerjahrgänge die ästhetische Konvention der Großelterngeneration«

ist und dass all die »Migrationsbiografien, die individuellen Selbstentwürfe, die Geschlechterverhältnisse« schon so kompliziert sind, »dass man von ihnen am besten in verständlicher Sprache erzählt«. Dennoch ist das konkrete Stolpern beim Kafka-Lesen nicht nur eine vorhersehbare »Konvention«, sondern auch nach 100 Jahren immer noch eine mögliche, lebendige Erfahrung.

Vielleicht erkennen ja die Neunzigerjahrgänge wieder, dass diese Erfahrung sehr viel mit unserer Welt zu tun hat. Eine Autorin wie Enis Maci zum Beispiel, 1993 geboren, scheint sich wieder sehr für das avantgardistische Unterlaufen zu interessieren und schreibt vielleicht auch deshalb in *Eiscafé Europa* eine so freie, unruhige Prosa: »Es ging um Schwitters und Haussmann, Pound und Marinetti, Chlebnikow und Brodsky, Müller und Arp, Charms und Herrndorf, und immer wieder ging es um Majakowski, völlig zu Recht natürlich.«

Andererseits erinnert Felix Stephan zu Recht an das Scheitern der Avantgarde. Die Schocks der Moderne sind per se nicht auf Dauer zu stellen, das Stolpern kann auch zur Masche werden. Schon Adorno hat deshalb vom Altern der Moderne gesprochen, und für einen Autor wie Eco ist dieses Altern der Ausgangspunkt des eigenen, eben post-modernen Schreibens: Wenn das ehemals Verstörende und Komplizierte »als vergnüglich kodifiziert« oder als bloßer Distinktionsgewinn eines bestimmten Milieus verbucht wird, dann geht es vielleicht eher darum, »Elemente von Bruch und Infragestellung auch in Werken zu finden, die sich scheinbar zu leichtem Konsum anbieten«. Worum es also ginge, wären Texte, die auch ohne die modernistische Komplizierung der Form zu neuen Wahrnehmungen führen und leicht konsumierbar von der Unruhe der Welt erzählen. Texte eines ebenso brüchigen wie süffigen Realismus, der uns nicht nur mit Sightseeing abspeist und bei dem das Herz der Kultur vielleicht eher mal kurz zu schlagen *auf-*

hört – und zwar nicht nur vor Schreck, sondern auch, weil man wie bei Kafka, Schwitters oder Charms schallend lachen muss.

Wie brüchig und überhaupt nicht zum Lachen alles sein kann, davon erzählt eine kurze Episode in Astrid Lindgrens (1907–2002) *Madita*. Wie immer bei Lindgren ist die erzählte Welt zwar nicht ganz heil, es gibt Armut, Krankheiten und Schneestürme. Dennoch bewegt man sich beim Lesen (oder noch schöner: beim Vorlesen) in einer typisch Lindgren'schen Idylle: Es gibt die roten schwedischen Häuser, es gibt Würste und Schokoladenpudding, im Sommer scheint die Sonne, und Maditas Familie ist eine Familie, wie jedes Kind sie sich wünscht. Dann aber, beim vergnügten Ausflug der Familie im Mai, wird der Rahmen der Idylle durch eine einzige Begegnung in Frage gestellt. Maditas Schwester nämlich wird plötzlich von Lindkvist festgehalten. Lindkvist wohnt in einer Hütte abseits von allen anderen im Dorf und ist »nicht ganz richtig im Kopf«:

> Früher war er genau wie alle andern Menschen und hatte eine Frau und ein kleines Kind, aber eines Tages geschah etwas. Mit dem Kind auf dem Arm ging die Frau in den Fluss und ertränkte sich, und als Lindkvist das erfuhr, packte ihn solche Verzweiflung, dass irgendwas in seinem Kopf kaputtging. Und seitdem ist er wunderlich.

Lindkvist hält Maditas Schwester Lisabet fest, weil die Familie zwei Kinder hat und Lindkvist keines mehr. »Ich will das hier haben«, sagt er zornig. »Es muss Gerechtigkeit geben in der Welt!« Am Ende gelingt es der Mutter zwar, Lisabet mit Pfeffernüssen und Mandeln aus dem Griff von Lindkvist zu befreien. Aber der alles in Frage stellende Vergleich ist mit dieser Begegnung in der Welt: Warum geht es uns so gut, während der arme Mann seine Frau und seine Tochter verloren hat? Und wie schnell kann es gehen, dass auch bei uns irgendwas im Kopf kaputtgeht? Wer solche drei, vier Seiten sensibler Prosa liest, hat keinen Nerv mehr für grobes Sightseeing. Natürlich ist so eine Szene wie in Lindgrens *Madita* auch einfach spannend und sorgt insgesamt für die nötige Abwechslung der Handlung. Der Bruch ist hier aber so fundamental, die von Lindkvist aufgeworfenen Fragen sind so konstitutiv fürs Erzählen, dass sich der gesamte Roman, die gesamte idyllische Welt, davon nicht mehr erholt, auch wenn bis zum Schluss munter weitererzählt wird.

Oft sind es solche Figuren des Anderen und Fremden, grundsätzliche Blickwechsel durch die Konfrontation mit Krankheit und Tod, die für Ecos »Elemente von Bruch und Infragestellung« sorgen. Wolfgang Herrndorfs Roman *Sand* etwa erzählt von einem Mann, der mit schwerer Kopfwunde in einer Scheune in einem nordafrikanischen Land erwacht und nicht mehr weiß, wer er ist. Auch bei ihm ist etwas im Kopf kaputtgegangen, die Erinnerung an seine eigene Identität. Und was macht Herrndorf daraus? Er macht daraus einerseits einen leicht konsumierbaren, vor Details und Witz nur so sprühenden Spionage- und Verschwörungsthriller, der einem bei aufmerksamer Lektüre am Ende klare Handlungsauflösungen und sogar eine Antwort auf die Identitätsfrage des Helden bietet. Andererseits hat dieser scheinbar so vertraut realistische Roman, mit Dirk Baecker gesprochen, »nur die Ungewißheit zu bieten«, weil er inmitten seiner vertrauten Formen von der radikalen Kontingenz der Welt erzählt. Diese Kontingenz hat, wie kann es anders sein, mit den paradigmatischen Möglichkeiten der Zeichen zu tun. Denn dem »Mann ohne Gedächtnis« bleibt nichts anderes übrig, als immer wieder Zeichen zu lesen, um die eigene Identität zu entschlüsseln. Worauf er dabei aber immer wieder stößt, sind die durch die zeichenhafte Verdopplung unhintergehbar mitproduzierten Doppel- und Mehrdeutigkeiten der Zeichen: Lautete der letzte Satz, bevor er in Ohnmacht fiel, nun »Wenn er die Schiene funkentstört« oder »Wenn die Maschine funktioniert« oder »Wenn er Christine jetzt verhört« oder »Wenn die Lawine eskaliert« oder »Wenn er den Dünenhund entführt«? Paradigmatisch sind unendlich viele Ersetzungen möglich, und durch die Nachbarschaftsbeziehungen der Sprache kommt man problemlos über die metonymische Brücke eines imaginierten Lawinenhundes von der »Lawine« zum »Dünenhund«, also vom Schnee zum Wüstensand. Auch der wahrscheinlich näher an der Wahrheit liegende Satz »Wenn er die Mine jetzt zerstört«, den die schöne, schlaue Agentin Helen vorschlägt, ist genau das: ein lediglich mit größerer Wahrscheinlichkeit zutreffender Satz. Vor allem aber entstehen sofort die nächsten Mehrdeutigkeiten, da nicht klar ist, ob »Miene« oder »Mine« gesagt wurde und es laut Lexikon mindestens vier paradigmatische Möglichkeiten gibt: »Die Miene im Gesicht, das Bergwerk, das Sprengding und das in den Bleistiften« (oder Kugelschreibern).

Wenn der Mann ohne Gedächtnis (dessen Identität man als Leser deshalb nicht kennt, weil man selbst kein gutes Gedächtnis hat) am Ende nach seinen erfolgreichen Befreiungsversuchen völlig sinnlos doch noch getötet wird, verweist das einerseits ›eindeutig‹ auf die trostlose Absurdität unserer Existenz; andererseits ist selbst dieser eindeutige Worst-Case-Schluss nur die kontingente Selektion einer von vielen möglichen Finalisierungen. Der Text hat wie der Held auch nichts anderes zur Verfügung als mehr oder weniger plausible Sätze für seinen Schluss und damit für seine eigene ›Identität‹ als Text. In der demonstrativen Sinnlosigkeit der Erschießung am Ende zeigt sich ganz offen und eben nicht verheimlicht die Kontingenz des eigenen Erzählens. Dazu passt, dass Herrndorf den Roman von vornherein als bewussten Gegenpol zu *tschick* konzipiert hat. Erst durch den Vergleich mit der

»Freundlichkeit« von *tschick* gewinnt die »nihilistische Wüste« ihre Bedeutung.

Ist es also das, was Eco mit »Bruch und Infragestellung« meint: ein gut lesbares realistisches Erzählen, welches »das draußen« (Monika Rinck) stets mitzudenken versucht, also weder das Andere und Fremde innerhalb der erzählten Welt noch die Kontingenz des Erzählens selbst verheimlicht, sondern voller Sprachlust produktiv macht? Und wäre das Lesen, das dem entspräche, nicht eines, das frei zwischen Immersion und Reflexion hin und her wechseln könnte? Worum es dabei ginge, wäre dann vielleicht, wie Moritz Baßler schreibt, »eine poetischere Variante realistischen Schreibens, die ins Offene zielt und nicht auf klassische Schließung, ins Offene des Vergleichs, der kulturellen Assoziationen und Möglichkeiten«.

Im Bereich Science-Fiction werden die erzählten Welten ohnehin von vornherein als Spielanordnung verstanden, und die Frames und Konzepte sind bei allem nötigen Realismus gerade nicht vorgegeben, sondern werden mit ihren Möglichkeiten und Grenzen erzählerisch reflektiert. Für den Autor und Kritiker Dietmar Dath zeigt sich diese Reflexion als »conceptual breakthrough« (John Clute) beispielsweise in Isaac Asimovs *Nightfall* (*Einbruch der Nacht*) aus dem Jahr 1941: In der Erzählung, so Dath,

> geht es um eine komplizierte himmelsmechanische Konstellation, nämlich einen Planeten, auf dem es nur sehr selten dunkel wird, weil seine Bahn ihn durch ein System von sechs Sonnen führt. Nur alle zweitausend Jahre erleben die Intelligenzen, die auf diesem Planeten zuhause sind, die Nacht (und damit die Sterne). Dieses Hereinbrechen der Nacht ist ein Schock, der ihre ganze Weltauffassung verändert, weil ihnen dabei schlagartig bewusst wird, wie viel größer das Universum ist, als sie zu denken gewohnt sind.

Genau dafür brauchen wir die Bücher: damit uns immer wieder schockartig bewusst wird, wie viel größer das Universum ist, als wir zu denken gewohnt sind; damit wir die uns begrenzenden Paradigmen überhaupt erst einmal als solche wahrnehmen, innerhalb derer wir uns immer schon bewegen, um dann vielleicht probeweise beim Lesen in ein anderes, ebenso mögliches Paradigma wechseln zu können. Die Vergrößerung des Universums kann synchron durch das geleistet werden, was man »Weltliteratur« nennt, durch Reisen auf andere Kontinente, in andere Sprachen und fremde kulturelle Frames. Sie kann aber auch diachron geleistet werden durch Reisen in fremd gewordene Vergangenheiten und in neue, mögliche Zukunftswelten. »Am Ende«, schreibt Ilija Trojanow, dessen bekanntester Roman nicht zufällig *Der Weltensammler* heißt,

> geht es wohl um die Frage, wieso wir lesen: Ich lese, um überrascht zu werden, um konfrontiert zu werden, um herausgefordert zu werden, um geschockt zu werden. Ich lese lieber meine Feinde als meine Freunde. Lieber verstehe ich nichts als alles. Statt bestimmte Farben der Palette und Töne der Skala zu ignorieren, sollten wir die existierende Vielfalt wahrnehmen. Wenn Sie in einer Buchhandlung spontan denken: »Davon habe ich noch nie was gehört« – greifen Sie zu!

Ins »Offene des Vergleichs« komme ich aber nicht automatisch dadurch, dass ich beim Lesen in ferne Länder reise. Auch im richtigen Leben führen die Fernreisen ja nicht automatisch zu mehr Offenheit und Selbstbefragung. Und auch in Herrndorfs *Sand* ist es nicht die Tatsache, dass der Roman in Nordafrika angesiedelt ist, die uns beim Lesen mit Kontingenz konfrontiert. Im Gegenteil: Herrndorf spielt mit zahlreichen Klischees, also den üblichen, automatischen Vorstellungen, wie man sie von nordafrikanischen, muslimischen Ländern so hat. Nein, die Öffnungen und Kontingenzen haben damit zu tun, dass die Klischees als spielerisch verwendete spürbar bleiben und dass es mit den Automatismen beim Lesen von Zeichen, mit dem Verstehen und Bescheidwissen bei Herrndorf nicht so einfach ist.

Die literarische Figur, die sich aufs Zeichenlesen seit jeher am besten versteht und auf die schon Eco in *Der Name der Rose* bei seiner Suche nach leicht konsumierbaren Brüchen und Infragestellungen zurückgegriffen hat, ist der Detektiv. Wenn die von Baßler reklamierte »poetischere Variante realistischen Schreibens, die ins Offene zielt«, von einer einzigen Figur verkörpert werden könnte, wäre es am ehesten Simon Brenner, die Detektivfigur von Wolf Haas. Er ist *die* Figur, die statt Bescheidwissen nur Ungewissheit bietet – und ironischerweise genau dadurch die Fälle löst. In *Auferstehung der Toten*, Haas' erstem Krimi, wird das entsprechende poetologische Programm formuliert:

> Weil das ist quasi ein Glatteis gewesen, oder von mir aus ein Tiefschnee, oder vergleiche es meinetwegen mit was anderem. Da kommst du mit einer anderen Gangart besser vorwärts als wie zum Beispiel auf einer Asphaltstraße. Und da ist einer, der, sagen wir, auf einer Asphaltstraße viel zu umständlich und langsam ist, der ist da womöglich wieder im Vorteil.

Der Umständlichkeit der Figur entspricht dabei ein Erzählen, das im Zeichen der metonymisch gesteuerten, witzigen Abschweifung steht, wenn es beispielsweise vom Holztisch im Gasthauszimmer über die »Nussholzkästchen« des Großvaters zu Brenners Wohnung gelangt. Auch der Glatteis- und Tiefschnee-Vergleich ist kein Zufall, sondern qua Kontiguität mit der schneebedeckten Leiche am Anfang des Romans verknüpft. Andererseits jedoch beruht gerade die Metonymie nur auf zufälligen Nachbarschaftsbeziehungen der Sprache, so dass immer auch Vergleiche »mit was anderem« und semantische Verschiebungen in andere Richtungen des enzyklopädischen Universums möglich sind. Worauf es dabei am Ende aber wie bei jedem anständigen Krimi ankommt, ist die eindeutige Klärung des Falles. Wie bei Herrndorf also schließen sich die geforderten Eindeutigkeiten der Genrekonvention und die Kontingenz der Zeichen nicht gegenseitig aus. Oder wie es mit einer fast hegelianisch anmutenden Gewissheit aus der Rückschau über Brenners Unfähigkeit, sich aufs Wesentliche zu konzentrieren, heißt: »im Nachhinein muss man sagen, er hat Recht gehabt«.

Der Autor, für den die Figur des Detektivs auch über das Krimigenre hinaus eine entscheidende Rolle spielt, ist Roberto Bolaño (1953–2003). *Die wilden Detektive* heißt bezeichnenderweise sein Opus Magnum aus dem Jahr 1998. Und auch in dem 2004 postum erschienenen Roman *2666*, mit dem Bolaño neben David Foster Wallace (1962–2008) zu einem der Kultautoren des frühen 21. Jahrhunderts wurde, tauchen immer wieder Detektivfiguren auf. Da sind zum einen wie so oft bei Bolaño mehrere Literaturwissenschaftler, die im ersten Teil des Romans, dem »Teil der Kritiker«, als Fans und Philologen den Spuren eines verschollenen Schriftstellers bis in die mexikanische Grenzstadt Santa Teresa folgen. Da ist zum anderen, im vierten, fast 400 Seiten langen »Teil von den Verbrechen«, eine schier endlose Serie von Frauenmorden in Santa Teresa, die bis zum Schluss nicht aufgeklärt wird. Und da ist der verschollene Schriftsteller Benno von Archimboldi, der gegen Ende des Romans von sich sagt, dass die eigenen Bücher und Buchprojekte »ein Spiel« und auch ein »Geschäft« seien:

> ein Spiel in dem Maße, wie er am Schreiben Vergnügen fand, ähnlich wie es einem Detektiv Vergnügen macht, den Mörder zu entlarven, und ein Geschäft in dem Maße, wie die Veröffentlichung seiner Werke ihm ein, wie immer auch bescheidenes, Zubrot zu seinem Lohn als Türsteher bescherte.

Versteht man das poetologisch als Auskunft über *2666* selbst, erscheint der Roman, von dem Verweis auf Kafkas Türhüter einmal abgesehen, als großes detektivisches »Spiel«. Was damit einhergeht, ist wie bei Eco, Herrndorf oder Haas ein bewusster Umgang mit Genreelementen – vom historischen Roman bis hin zum Campus-, Künstler- und Kriminalroman. Auf dieser Spielebene geht es insofern auch schon ums »Geschäft«, als diese populären Erzählgenres mit ihren bekannten Frames durchaus ein breiteres Publikum erreichen können.

Andererseits weist Daniel Kehlmann in seiner Rezension von *2666* zu Recht darauf hin, dass vielleicht »noch nie ein Schriftsteller solch eine Beherrschung der Erzählkonventionen mit einer solchen Gleichgültigkeit gegen ebendiese Konventionen verbunden« hat. Entsprechend kommt es nicht zur Entlarvung des Mörders und zur Aufklärung des Falles. Die Spuren verlaufen sich ähnlich wie bei Herrndorf im Sand: »Sie sah Archimboldi, wie er in kurzen Hosen und mit Strohhütchen durch die Wüste ging, und um ihn herum war alles Sand, Dünen, so weit das Auge reichte.«

Doch warum kommt es zu keiner Aufklärung? Vor allem deshalb nicht, weil es gar nicht den *einen* Fall und auch nicht *eine* Serie mit *einem* entsprechenden Serienmörder, sondern Hunderte von Fällen und wahrscheinlich zahlreiche, unterschiedliche Mörder gibt. Das Problem ist also der Plural. Das unterscheidet Bolaño fundamental von Eco oder Haas, aber auch von all den hochgelobten Krimiserien, die uns selbst im Fall von so raffiniert und komplex erzählten Plots wie bei *True*

Detective oder *Der Mord an Gianni Versace* an dem beruhigenden Wissen teilhaben lassen, dass am Ende immer der Psychopath der Mörder ist.

Die Pluralisierung führt bei Bolaño hingegen zu einer Fragmentierung des Romans in lose verknüpfte »Teile«, sie führt zu einer von vornherein *global* angelegten Spurensuche, die sich nicht mehr auf ein Kloster wie bei Eco oder die österreichische Provinz wie bei Haas eingrenzen lässt, und sie führt zu einer überbordenden Praxis des Verdoppelns und Vergleichens, die von den Azteken bis Dracula, vom Surrealismus bis zur kalten Sachlichkeit des Polizeiberichts alle sprachlichen Register zieht.

Kann man so ein Erzählen noch realistisch nennen? Klar ist, dass *2666* gerade in dem »Teil von den Verbrechen« sehr genaue Recherchen zugrunde liegen, die sich auf reale Frauenmorde in dem mexikanischen Ort Ciudad Juárez beziehen. Klar ist auch, dass sich die Gewalt einer eindeutig patriarchalischen Ordnung und einem deregulierten Ort an der Grenze zu den USA, einem juristisch kaum verfolgbaren Filz aus Kapitalismus, Korruption und Drogenkriminalität verdankt.

Auch dieser Teil aber, so nüchtern realistisch er daherkommt, *zitiert* nur bestimmte Verfahren des Realismus, und entsprechend dem von dem Regisseur Milo Rau immer wieder vorgebrachten Godard-Zitat »Realismus meint nicht, dass etwas Reales dargestellt wird, sondern dass die Darstellung selbst real ist«, besteht ›das Reale‹ beim Lesen des vierten Teils von *2666* schlicht und einfach in den meine Lebenszeit beanspruchenden 400 Seiten, auf denen quälend akribisch ein Mordfall nach dem anderen protokolliert wird.

Was bei Breton die »Katalogbilder« und »Ansichtskarten« sind, ist für Bolaño das »Trugbild«, das »als Besatzungsmacht der Wirklichkeit« »noch die äußersten und entlegensten Bereiche der Wirklichkeit« kontrolliert. Da der Realismus mit seinen Nachbarschaftsbeziehungen und Automatismen in unseren Köpfen ununterbrochen Referenzillusionen erzeugt, stellt gerade er eine global höchst erfolgreiche Maschinerie der Trugbilder dar.

Allerdings sind die Revolten dagegen »nicht weniger Lug und Trug«, weshalb für Bolaño auch der Avantgarde-Weg des Antirealismus keinen Ausweg mehr bietet. Was bleibt, ist das, was man »Infrarealismus« genannt hat, und es sind »die großen, die unvollkommenen, die überschäumenden Werke« wie *2666*, »die Schneisen ins Unbekannte schlagen.« Nur in diesen Werken nämlich kämpfen die großen Meister der Literatur – Bolaño nennt vor allem Grenzgänger des Realismus: neben Kafkas *Prozess* Melvilles *Moby Dick* oder Flauberts *Bouvard und Pécuchet* –, »gegen jenes Etwas [...], das uns allen Angst einjagt, jenes Etwas, das gefährlich die Hörner senkt, und es gibt Blutvergießen, tödliche Wunden und Gestank«.

Kultur, schreibt Theodor W. Adorno in seiner *Negativen Dialektik*,

> perhorresziert den Gestank, weil sie stinkt; weil ihr Palast, wie es an einer großartigen Stelle von Brecht heißt, gebaut ist aus Hundsscheiße. Jahre später als jene Stelle geschrieben ward, hat Auschwitz das Mißlingen der Kultur unwiderleglich bewiesen.

Das Beunruhigende an Bolaños Erzählwelten besteht darin, dass man in ihnen sehr viele Herzen der Kultur schlagen hören kann. Das *eine* Herz der Kultur aber schlägt nicht, es ist auch nicht einfach nur finster, es stinkt.

3. Apropos Adorno

> Nie etwas zurückhalten oder dir verschweigen, was gegen deinen Gedanken gedacht werden kann!
>
> Friedrich Nietzsche

> An einem Freitag im Juli war das Geld alle. Vor ihm lag ein Wochenende mit Julia, das ihn fünfzehn Dollar Erfrischungstheke im Kino kosten konnte, also eliminierte er die Marxisten aus seinem Bücherregal und schleppte sie in zwei sagenhaft schweren Taschen zum Antiquariat. [...]
>
> Dass er geglaubt hatte, seine Bücher würden ihm Hunderte von Dollars einbringen, war erbärmlich offenkundig. Er wandte sich von ihren vorwurfsvollen Rücken ab und erinnerte sich, wie jedes einzelne von ihnen damals, in den Buchhandlungen, eine radikale Kritik der spätkapitalistischen Gesellschaft verheißen hatte und wie glücklich er gewesen war, sie nach Hause zu tragen. Aber Jürgen Habermas hatte nicht Julias lange, kühle Birnbaumbeine, Theodor Adorno nicht Julias traubigen Duft lüsterner Geschmeidigkeit, Fred Jameson nicht Julias geschickte Zunge. Bis Anfang Oktober [...] hatte er seine Feministen, seine Formalisten, seine Strukturalisten, seine Poststrukturalisten, seine Freudianer und seine Schwulen samt und sonders verkauft.

Was hat es zu bedeuten, dass in einem der am meisten gefeierten Romane des beginnenden 21. Jahrhunderts, in Jonathan Franzens 2001 erschienen *Korrekturen*, eine ganze Bibliothek von Theorieklassikern im Antiquariat verhökert wird?

Theorie, so legt es die zitierte Passage nahe, ist etwas, das man irgendwann hinter sich hat und das wie ein Auto oder eine Espressomaschine mit der Zeit an Wert verliert. Dieser

Wert bemisst sich zum einen schlicht in den Dollars, die man besser in die Erfrischungstheke im Kino investiert, zum anderen am Grad an Verheißung und Sex-Appeal. Die verheißene Radikalkritik am Spätkapitalismus jedenfalls scheint nicht so glücklich gemacht zu haben wie erhofft, und für den Erfolg als heterosexueller Mann helfen »Feministen« und »Schwule« – Ironie, Ironie! – auch nicht weiter.

Interessant ist aber genau diese ironische Erzählerperspektive. Da von den Buchrücken immer noch Vorwürfe ausgehen, die wahrscheinlich mit den Ansprüchen der in den Büchern formulierten Theorien zu tun haben, kann die Entsorgung nur halbherzig und ironisch erfolgen. Der Text weiß, wie dumm der Vergleich zwischen Adorno und Julias Geschmeidigkeit und wie mächtig die heterosexuelle Matrix bei der ganzen Aktion ist. Also soll Ironie die Dummheit smarter erscheinen lassen, als sie ist. Da Ironie aber nach Barthes »nur einen neuen Code (ein neues Stereotyp) den Codes, den Stereotypen, die sie beschwichtigen will, hinzufügen« kann, ist nicht nur die Romanfigur Chip dümmer als die von ihm verkauften Theorieklassiker, sondern auch Franzens kluger Text. Die Stereotypen nämlich, die er nicht beschwichtigt, sondern hochkulturell zu verbreiten hilft, lauten: Theorie ist was für »Feministen« und »Schwule«, ihre Zeit ist vorbei, und sie hat nichts mit dem wahren Leben (als Erwachsener) zu tun. Wovon der Text sich dabei abwendet, ist zum einen die biographische Lebenszeit der Pubertät und Adoleszenz, in der das Intellektualisieren als Abwehrmechanismus bekanntlich besonders verbreitet und der Spielraum fürs Theoretisieren besonders groß ist, weil man, so Dath, schon denken kann, aber »noch kein Geld verdienen« muss. Als Erwachsener kann man zwar auch denken, »aber das Gehirn wird verblödet durch die Notwendigkeit, Geld zu verdienen«. Kurz: Da nicht nur Chip, sondern auch Franzens Text Geld verdienen muss, kann er sich – außerhalb der Uni, unter Marktbedingungen – den ganzen Intellektualismus nicht mehr leisten.

Franzens *Korrekturen* wenden sich zum anderen aber auch von einer ganz bestimmten kulturhistorischen Phase ab, in deren Ausläufer Chips Adoleszenz offenbar noch geriet und in der man gar nicht genug kriegen konnte von Kapitalismuskritik und Semiotik. Gemeint ist *Der lange Sommer der Theorie*, also die Zeit der 1960er bis 1980er Jahre, in der das gegen die Welt der Erwachsenen gerichtete Intellektualisieren mit wichtigen, neuen Theorieströmungen einherging und Theorie erstaunlich populär war. Theorie war in diesen dreißig Jahren, so der Historiker und Kulturwissenschaftler Philipp Felsch, mehr »als eine Folge bloßer Kopfgedanken; sie war ein Wahrheitsanspruch, ein Glaubensartikel und ein Lifestyle-Accessoire«. Franzens *Korrekturen* sind so gesehen auch ein Buch aus dem Herbst der Theorie: Den herunterfallenden Blättern entsprechen die vergilbten Adorno- und Derrida-Bände, die Chip ins Antiquariat bringt. Und das diesem Herbst entsprechende Erzählverfahren ist das eines so unterhaltsamen wie anspruchsvollen Realismus, der sich in seiner Form von alten Realismuskritikern wie Barthes oder Adorno nicht mehr beunruhigen lassen muss, dafür aber Ex-Theorieleser mit schlechtem Gewissen auf der Plotebene auftreten lässt.

Viel wäre zu sagen über die Psychologie des »Ex«, über Nostalgie und Revanchismus, Abwehr und Gedächtnisverlust. Auffällig ist jedenfalls, dass im vermeintlichen Herbst oder Winter der Theorie, in dem man doch relativ ruhig bilanzieren, archivieren und auch besonnen weiterdenken könnte, immer wieder absurd heiß vor allem gegen die französischen Theorien polemisiert wird. Als wäre seit Habermas' Buch über den philosophischen Diskurs der Moderne nichts passiert, wird immer wieder der alte Vorwurf des moralischen Relativismus aus der Mottenkiste geholt. Mehr noch: »Postmoderne«, »Poststrukturalismus« und »Dekonstruktion« – alles wird wie vor dreißig Jahren in einen Topf geworfen und mit dem aktuellen Etikett versehen, Populismus und postfaktischem Denken den Weg gebahnt zu haben. Ohne Derrida und Foucault also keine AfD und kein Trump! Was man dagegenstellt, ist auch hier, jenseits der Romane, der alte oder Neue oder immer gleiche Realismus – als ob sich nicht genau darauf niemand stärker berufen würde als eben jene Populisten, wenn sie »Volk« oder »Kultur« als vorgegebene »Realität« verkaufen!

Was gegen die verheimlichten Konstruktionen des Realismus hilft, ist – wie immer – genaues Lesen. Nicht zufällig werden ausgerechnet die Theorien angegriffen, die das alltägliche Werkzeug für dieses genaue Lesen bereitgestellt und die nötige »Über-Empfindlichkeit« (wie die Literaturwissenschaftlerin und Autorin Silvia Bovenschen das nennen würde) gegenüber allen Formen mächtiger Verheimlichung kultiviert haben: Chips »Formalisten«, »Strukturalisten« und »Poststrukturalisten«.

Was alle diese Theorierichtungen verbindet, ist ihr ausgeprägtes Kontingenzbewusstsein, also »die Konzentration auf die sozialen, ökonomischen, grammatischen, medialen Bedingtheiten des fremden und eigenen Denkens und Handelns«. Wohlgemerkt: auch die Bedingtheiten des *eigenen* Denkens und Handelns. Interessante Theorie liefert also, wie Baecker anmerkt, nicht einfach nur gute Erklärungen für etwas, es kommt hinzu,

> dass die Theorie der Erklärung, die sie liefert, misstraut. Sie formuliert sie als Hypothese. Und sie formuliert sie mit zusätzlichen Hinweisen darauf, unter welchen Bedingungen sie Geltung hat, mit welchen Methoden diese Bedingungen überprüft werden und unter welchen Bedingungen man die Theorie wieder fallen lassen kann. Letzteres ist an einer

Theorie – neben ihren Erklärungen – am interessantesten, denn die Theorie leistet dies, indem sie sich einem Paradigma zuwendet, also bestimmten Grundannahmen und Voraussetzungen, die Bestimmtes einschließen, anderes ausschließen und in dieser Form den Wechsel zu einem anderen Paradigma nicht nahelegen – das wäre übertrieben –, aber doch in Blicknähe und Reichweite rücken.

Theorie zu lesen schult so gesehen den selbstreflexiven Blick auf vorausgesetzte Frames und Paradigmen und stärkt so die emanzipatorische Kraft des Misstrauens.

Dafür allerdings muss man die theoretischen Texte auch lesen. Nicht nur bei literarischen, auch bei theoretischen Texten besteht eines der verbreitetsten Beruhigungsmittel in einem Inhaltismus, der Texte auf wenige Schlagwörter reduziert, statt sich etwa mit Jacques Derrida dem »seminalen Abenteuer der Spur« zu überlassen. Was dabei herauskommt, zeigt ein wunderbarer Cartoon von Robert Gernhardt, in dem, anspielend auf Thomas Kuhns *Struktur wissenschaftlicher Revolutionen*, ein Student die vor ihm sitzenden Student*innen fragt: »Entschuldigen Sie bitte – wissen Sie zufällig, wo ich hier mein Paradigma wechseln kann?«

Vielleicht sind es gerade die im Sommer der Theorie so beliebten Überbietungsgesten, *turns* und Paradigmenwechsel, die den beunruhigenden Blick auf die Voraussetzungen, Grenzen und Alternativen einer Theorie provozieren. So bitter ernst ein »Hammersatz« (Robert Gernhardt) wie Adornos »Es gibt kein richtiges Leben im falschen« gemeint war und so sehr gerade solche emphatischen Allaussagen zum leeren Jargon werden können, so sehr sind sie bei Autoren wie Adorno oder Derrida doch Teil einer offenen, lebendigen Denkbewegung, die ich lesend mitvollziehen kann, weil sie von ganz bestimmten Phänomenen angestoßen wird, zu denen ich einen Bezug herstellen kann (in Adornos *Minima Moralia* etwa zu zahlreichen Alltagsthemen wie Schenken, Reisen oder Wohnen), Teil einer Denkbewegung aber auch, die ich beim Lesen immer wieder abbrechen muss, weil ich kein Wort verstehe, weil ich den theoretischen Zusammenhang (von Husserl bis Heidegger, von Kant bis Hegel) nicht kenne oder weil ich irgendetwas viel zu übertrieben, idiosynkratisch und spekulativ finde. Dann aber sind es wieder genau diese persönlichen Ticks und Empfindlichkeiten, die mich mit einem völlig anderen Blick auf die Welt überraschen und die mich so mitreißen, dass ich weiterlese, dass ich die Beweggründe und Zusammenhänge verstehen will und irgendwann vielleicht in der Lage bin, die Theorien auf Phänomene zu beziehen, die *ich* zu der Lektüre beitrage. Nicht zufällig spricht Ulrich Raulff in seinem Erinnerungsbuch über die 1970er Jahre von den wilden Jahren des Lesens.

Und eine der wichtigsten und schönsten Erfahrungen dabei ist die Überforderung.

Dass dieses wilde, überfordernde Theorie-Lesen auch heute noch mit dem eigenen Leben und dem eigenen Anspruch auf Zeitgenossenschaft zu tun haben kann, wird in einem Interview mit dem Regisseur René Pollesch deutlich: »Sie behandeln«, wird er in der *FAS* gefragt, »seit 1999 die Durchdringung menschlicher Beziehungen durch ökonomisches Kalkül und den Zwang, kreativ zu sein, lange bevor YouTube und Facebook jeden zum Kulturproduzenten machten. Hätten Sie sich träumen lassen, dass die Verschmelzung von Kultur, Ökonomie und Politik mal so weit führen würde wie heute?« Darauf Pollesch: »Nein, unsere Arbeit war ja nichts Prophetisches. Das basierte auf theoretischen Texten, mit denen wir unsere eigenen Leben bearbeiteten.«

Dazu also benötigt man Theorie: um mit ihr das eigene Leben zu bearbeiten. Gemeint sein dürften in diesem Fall Texte wie Gilles Deleuze' legendäres *Postskriptum über die Kontrollgesellschaften* oder *Der neue Geist des Kapitalismus* von Luc Boltanski und Ève Chiapello. Wenn man mal einer Sache auf der Spur ist, die Theorie und eigenes Leben verbindet, sucht man immer weiter und partizipiert so an bestimmten zeitgenössischen Diskursen. Je nach Lebensthema und Gegenwartsinteresse kämen auch nach dem langen Sommer der Theorie noch zahlreiche Texte hinzu. Und als in Dialektik trainierter Leser weiß man: Je ›realistischer‹ und theoriefreier etwas daherkommt, desto ideologischer ist es. Umgekehrt: Je näher man dem eigenen Leben und der Gegenwart sein will, desto wichtiger ist der scheinbare Umweg über Theorien.

Der so klare, humorvolle Blick auf das eigene Leben als Frau, der etwa ein Buch wie Margarete Stokowskis *Untenrum frei* auszeichnet, wäre wahrscheinlich ohne die Sachbücher und Essays, die hinten im Literaturverzeichnis genannt werden, kaum möglich gewesen: von Simone de Beauvoir, Jessica Benjamin und Judith Butler über Carolin Emcke und Herbert Marcuse bis hin zu Laurie Penny und Susan Sontag (inklusive weiterer Hammersätze wie: »Man ist nicht als Frau geboren, man wird es«). Schwer vorstellbar, dass eine Autorin wie Stokowski ausgerechnet ihre Theorieklassiker im Antiquariat verscherbeln würde, da sie nicht zuletzt auch mit deren Hilfe erkennen kann, wie überholt all die Frames und Skripte der Geschlechterrollen sind: »Der ganze alte Scheiß ist längst am Einstürzen.«

Um die Befreiung vom alten und neuen Scheiß geht es auch in Ulrich Peltzers Roman *Teil der Lösung*. Und bezeichnenderweise ist es die weibliche Hauptfigur Nele, die in Peltzers Roman eine Lanze für die Theorie bricht. Die junge Studentin macht der männlichen Hauptfigur Christian auf einer Party den alten Hegel'schen Gedanken klar, dass das scheinbar Abstrakte eigentlich das Konkrete ist, und Peltzers Roman zeigt dabei anders als Franzens *Korrekturen*, dass sich Flirt und Theorie, Schmetterlinge im Bauch und Kapitalismuskritik im Kopf überhaupt nicht ausschließen müssen: »Manche Leute«, so Christian, »haben so viel mit ihrem Überleben zu tun, dass die Zeit für ausschweifende Gedanken ans Glück ziemlich knapp wird. Man muss konkret denken, wenn man zu Lösungen kommen will.« Daraufhin Nele:

> »Ich bin konkret. Abstraktionsfähigkeit bedeutet für mich, im Meer der Gegenwart nicht unterzugehen. Sich nicht blöd machen zu lassen, nicht reflexhaft wie eine Laborratte auf Zumutungen zu reagieren, die jedem mit dem Ende drohen, der sie nicht pflichtschuldig erfüllt. Sich hinten anstellen, von der Ziehung der Lottozahlen die Rettung erhoffen.«
>
> »[…] Ich stelle mich auch nicht gern hinten an.«
>
> »Niemand. Du verstehst, wie ich das meine.«
>
> Keine Frage, sondern ein Bescheid vom Amt. Wenn du das nicht verstehst, ist Hopfen und Malz verloren – dann gehörst du zu den anderen. […]
>
> »[…] Entweder nimmst du die Welt, wie sie sich darbietet, oder als Folge von Ereignissen, die Ursachen haben. Die miteinander zusammenhängen und Schieflagen erzeugen. Noch einfacher geht's nicht.«
>
> »Kapitalismus, ja?«
>
> »Sagt nichts aus. Nenn es Empire, nenn es Kasino, nenn es Hölle. Wie es dem Herrn beliebt.«
>
> »Bin ich gemeint?«
>
> »Kein zweiter in der Nähe.«

Ja, Theorie-Leser*innen neigen manchmal zum »Bescheid vom Amt« und grenzen aus, wenn man nicht folgen kann. Schon Ende der 1970er Jahre, also im Spätsommer der Theorie (und nicht zufällig kurz nach dem Deutschen Herbst), hatte Jean-François Lyotard in einem Merve-Bändchen vom »Terror der

Theorie« gesprochen. Gemeint war damit nicht die eigene Theorie, die nicht mehr kritisieren, sondern nur noch raffiniert »unterbrechen« wollte. Gemeint waren alle Theorierichtungen, die ohne »Lockerheit« und »Stil« einzig und allein dem »Wunsch nach Wahrem« folgten – also dogmatische Marxisten und Strukturalisten ebenso wie brave Hermeneutiker oder strenge Wissenschaftstheoretiker und Moralphilosophen.

Auch Nele fehlt diese »Lockerheit«, weil es ihr, mit dem nächsten Hammersatz eines Theoretikers gesprochen, nicht auf verschiedene Interpretationen ankommt, sondern darauf, die Welt zu verändern. Das Wissen um die Frames der eigenen Rede nimmt ihr dafür aber Peltzers Roman ab, indem er das macht, was Literatur in der Regel besser kann als Theorie: Er wechselt die Perspektive und spiegelt Neles Strenge in der Gedankenrede ihres Gegenübers. Andererseits ist gerade die Strenge wichtig, denn »Dogmen zeichnen sich«, so Baecker, »durch scharfe Ablehnung von Alternativen aus und liefern so eine entsprechend genaue Beobachtung dieser Alternativen«. Durch Neles potentiellen Theorie-Terror wird eben auch die sich emanzipatorisch und spielerisch gebende Lockerheit eines Postmodernisten wie Lyotard als bloße Hypothese enttarnt, und vielleicht gibt es ja gute Gründe, ganz bewusst *nicht* locker zu sein. Auch Christians Skepsis-Paradigma wird durch Nele zum Glück gewaltig durcheinandergebracht. Man kann es auch Liebe nennen.

Wozu also heute noch Theorie lesen? Nele würde sagen:

1. Um mit einem interessanten Typen wie Christian streiten zu können.
2. Um all die Zumutungen überhaupt noch als Zumutungen und nicht als Selbstverständlichkeiten wahrzunehmen. Und:
3. Um nicht »im Meer der Gegenwart« unterzugehen.

4. Im Meer der Gegenwart

> Ich verstehe die Musik, ich verstehe die Filme, ich begreife sogar, daß Comics uns etwas mitteilen können. Aber hier gibt es ausgewachsene Professoren, die nichts anderes lesen als die Texte auf den Cornflakespackungen.
>
> Don DeLillo

Wenn doch alles so einfach wäre wie in dem Thriller *Se7en* (*Sieben*) von David Fincher aus dem Jahr 1995. Die (urbane) Gegenwart: kein Meer, aber eine graue, verregnete Welt, die aus den Fugen geraten ist, so voller Hass und Gewalt, dass es einem den Schlaf raubt. In einer dieser schlaflosen Nächte geht der von Morgan Freeman gespielte Cop William Somerset nicht ins Internet, sondern in eine gute, alte öffentliche Bibliothek, wo ihm das Wachpersonal exklusiven Zutritt gewährt. Er blättert im Schein zahlloser Vintage-Tischleuchten mit hellgrünem Lampenschirm in den *Canterbury Tales* und der *Göttlichen Komödie*, kopiert das Wichtigste unter den Klängen von Bachs *Air* – und schon ist durch die Lektüre erlesenster Weltliteratur das Muster ans Licht gebracht, das sich draußen in der bösen Welt hinter einer schrecklichen Mordserie verbirgt. Nicht nur für die Mörder und Psychopathen, sondern auch für die kultivierten Ermittler an der Pensionsgrenze stellen die gedruckten Bücher das nötige Wissen bereit. Hätte der von Brad Pitt gespielte junge Cop geduldiger gelesen, würde er am Ende kapieren, dass er sich selbst zur Figur eines vorgegebenen Narrativs macht, und könnte seinen vom Serienmörder eingeplanten Zorn vielleicht zügeln. Bis zu den Bibliotheksszenen mit Samwell Tarly in *Game of Thrones* reicht der popkulturelle Glaube an die heilende und aufklärende Kraft der Bücher.

Das ist deshalb merkwürdig, weil die Popkultur solche exklusiven Orte des Wissens und geduldigen Lesens eigentlich nicht vorsieht. Die ihr zugrundeliegende Logik macht Susan Sontag zufolge »keinen Unterschied zwischen dem einzigartigen Gegenstand und dem Massengut«, also etwa zwischen einer schönen, alten Ausgabe von Dantes *Commedia* und irgendwelchen Paperbacks, die Brad Pitt genervt in seinem Auto zu lesen versucht.

Das Meer der Gegenwart ist so gesehen ein Meer der Indifferenz. Was alle Angebote in diesem Meer verbindet bzw. vergleichbar macht, ist ihre Warenförmigkeit, und um darin schwimmen zu können, muss man die Kulturprodukte nicht im Einzelnen verstehen, sondern als Fanartikel und Marke innerhalb einer bestimmten Stilgemeinschaft vor allem *haben*. »Everybody«, so Andy Warhol,

> was part of the same culture now. Pop references let people know that *they* were what was happening, that they didn't have to *read* a book to be part of culture – all they had to do was *buy* it (or a record or a TV set or a movie ticket).

Wie alle anderen kulturellen Angebote muss also auch die Hochkultur »pop references« bieten. Wenn all die sehnsüchtigen Nichtleser nicht mehr das Gefühl vermittelt bekommen, durch den Kauf bestimmter Bücher Teil einer relevanten, lebendigen Stilgemeinschaft zu sein, wird die Buchkultur insgesamt immer mehr zu einer Nischenveranstaltung und bloß nostalgischen Reminiszenz.

Alles andere als nostalgisch ist *Abfall für alle* von Rainald Goetz: ein Internet-Tagebuch aus dem Jahr 1998, das im Jahr danach in überarbeiteter Form als gedrucktes Buch erschien. Gelesen und ins eigene Schreiben überführt wird darin das zeitgleich zur Verfügung stehende Medienspektrum »ALLES MÖGLICHEN«, von Radio und Fernsehen über Musik, Literatur und Theorie bis hin zu Zeitschriften und Zeitungen. Die durchaus auch damals schon als bedrohlich erlebte »Möglichkeitenflut« bedeutet für Goetz, typisch für die Popliteratur der 90er Jahre: »Freiheit / gute Laune / Offenheit / ALLES steht dir zu, alles ist möglich – / Reichtum, Überfluß, Paradies / PRAXIS.«

Als dann aber in den Nullerjahren das schnelle Zusammenspiel von Lesen und Schreiben auf großen kommerziellen Plattformen nicht nur popularisiert, sondern auch standardisiert wurde, war diese Form der Gegenwartspoetik bereits wieder historisch. »Es liegt ein großes Paradox darin«, so Richard Kämmerlings,

> dass Goetz' Pop-Poetik einer »Gegenwartsmitschrift« in jenem Moment unmöglich wird, als die Aufschreibesysteme rein technisch weltweite Simultaneität ermöglichen. Was soll man empfangen, wenn alle immer senden? […] Der Versuch einer »vernünftigen Einbeziehung fremden Outputs« in enzyklopädischen Dimensionen wäre heute ein sicherer Weg in den Wahnsinn.

Dass dennoch auch im Zeitalter von Facebook und Co. ein mit dem Netz verbundenes, hellwaches Mitlesen und Mitschreiben der Gegenwart möglich ist, zeigen die 2017 in Buchform erschienenen *Statusmeldungen* von Stefanie Sargnagel. Wie *Abfall für alle* reiht auch *Statusmeldungen* chronologisch Kurztexte aneinander und interessiert sich nicht für das Erzählen:

> Die deutschsprachige Literaturwelt is bissl so: Es gibt Lyrik, Dramatik, Epik. Und alles dazwischen ist VERRÜCKT. Es kann nicht sein, es ist verkehrt und abartig und gegen die Natur und überhaupt: PLOT PLOT PLOTT!

Zwar inszeniert sich das »Ich« bei Sargnagel im Unterschied zum »Ich« in *Abfall für alle* als deutlich weniger buchaffin:

> Ich habe gerade wieder versucht ein Buch zu lesen. Zu Recherchen, weil ich vielleicht mal probier, was Langes zu schreiben. In dem Buch wird eine Lokalszenerie beschrieben: dass sich dort Leute treffen, es verschiedene Getränke gibt und diese Getränke von Kellnern serviert werden, die zwischen den Tischen herumgehen und ... tschüs! Zurück im Internet!

Was Goetz und Sargnagel aber verbindet, ist eine Haltung, die an Sontags »Camp«-Begriff erinnert: Die lesbare, in den eigenen Text geholte Welt steht auch an den empathischsten Stellen stets in Anführungszeichen und lässt keine normative Grenzziehung zwischen Hochkultur und Popkultur mehr zu: Martin Heidegger (1889–1976) ist mit seinen irren Sätzen für Goetz genauso »geil« wie Harald Schmidt, und eine einfache verklebte Maggi-Flasche kann für Sargnagel zum Zeichen für eine ganze (fast rührend patriarchalische) Welt werden.

Auch in Rainald Goetz' 2012 erschienenem Roman *Johann Holtrop* geht es um die Lesbarkeit der sozialen Welt. So sehr sich der Roman als Abkehr von der avancierten Pop-Poetik der 1990er Jahre und als Rückkehr zum traditionellen Erzählen verstehen lässt, so sehr geht es auch hier um ein Erzählen in Anführungszeichen, das Tradition und Trash munter kombiniert:

> Da [bei James Wood] gibt es diesen wunderbaren Begriff vom Commercial Realism, in den die narrativen Standards des 19. Jahrhunderts heute übergegangen sind. Und da dachte ich, ja, das ist es doch: diese Kombination aus Tradition und Trash, aufgeladen mit meiner theoretizistischen Idio-

synkrasie. [...] Und das Pophafte wäre, nach außen hin ist es super simpel; aber im Inneren, heimlich: formal experimentell.

Das Experimentelle besteht darin, dass sich Goetz' Realismus weiterhin auf eine kulturelle Welt der Markennamen und Zeichen bezieht, in der, mit Baecker gesprochen, nichts mehr etwas ›ist‹, »wenn es nicht zugleich etwas ›bedeutet‹«. Das »Firmenlogo von Arrow PC« markiert nicht zufällig den Anfang des Romans, und um halb drei Uhr nachts fährt dann das Reinigungsteam von »Clean Impact« mit einem fiktiven »Subaro Sunset Compactor« auf das Firmengelände. Gleich zu Beginn also drei (sprechende) Markennamen – zeichenhafter und übercodierter kann die Wirklichkeit kaum sein, nachdem der Text das ironische Zitat eines altmodischeren Realismus (»Als die Winter noch lang und schneereich und die Sommer heiß und trocken waren –«) gleich zu Beginn einfach abgebrochen hat. *Johann Holtrop* erzählt nicht einfach von der Wirklichkeit, der Roman liest und zitiert sie, wobei zum Gelesenen und Zitierten nicht nur die Zeichen der erzählten Welt gehören, sondern auch die Erzählstimme selbst, deren antikapitalistischer Furor ebenso gelabelt erscheint wie die kapitalistische Welt der Markennamen. Dass der Text dann ausgerechnet das vom Erzähler praktizierte Vergleichen ins Leere laufen lässt und erneut den Diskurs abbricht, ist fast noch böser als der dämonisierte Konzern, um den es geht: »das Phantasma der totalen Herrschaft des KAPITALS über den Menschen. So falsch, so lächerlich, so blind gedacht, so infantil größenwahnsinnig wie, wie, wie –«.

Vielleicht könnte man ergänzen: »wie ich selbst und mein eigenes Schreiben«; die kapitalistische »Geldmaschine« und das Erzählen scheint hier offenbar durch die Praxis des Vergleichens mehr zu verbinden, als es der wütende Antikapitalismus des Erzählers nahelegt.

Was dieser Romananfang in Szene setzt, ist nicht weniger als die Frage nach der eigenen, kritischen Position innerhalb der kapitalistischen Gegenwart. *Kritisch* deshalb, weil es einzig und allein das Unterscheidungsvermögen der Kritik ist, das den Untergang im Meer aus Zeichen und Markennamen verhindern kann. Das Problem ist jedoch, dass die beiden klassischen Positionen der Kritik einen archimedischen Punkt außerhalb voraussetzen, den es nie gegeben hat: Bei der klassischen *Ideologiekritik* ist es eine Position, die klar zwischen Wesen und Erscheinung, Basis und Überbau, Gebrauchs- und Tauschwert zu unterscheiden vermag; bei der klassischen *Kulturkritik* ist es eine Position, die im sicheren Wissen um das Gute, Wahre, Schöne über alle möglichen Verfalls- und Entfremdungsphänomene befinden kann. Wenn Goetz' Text – wie Finchers *Se7en* – die Sünde der Gier aufruft und die Konzernzentrale buchstäblich in ein infernalisches Licht rückt, zitiert er diesen kulturkritisch-moralischen Gestus, der seine Sicherheit aus einer uralten christlichen Opposition von Gott und Teufel bezieht. Auch Nele vergleicht den Kapitalismus in Peltzers *Teil der Lösung* ja unter anderem (!) mit der Hölle.

Welchen Wert aber hat eine Hölle, wenn es sich dabei lediglich um eine mögliche Metapher handelt und wenn diejenigen, die sie verwenden, das auch sehr genau wissen? Wo wäre der archimedische Punkt, von dem her bestimmte Handlungsweisen als ›gierig‹, also sündhaft, andere als ›maßvoll‹, also tugendhaft, qualifiziert werden könnten? Wer definiert, was ›echte‹ Gebrauchswerte sind, und wie kritisch im Sinne von differenziert wäre eine Analyse kapitalistischer Lebenswelten, die nur Verblendung und falschen Schein konstatieren kann? Vor allem aber: Wo wäre die angemaßte Position jenseits dieses falschen Scheins?

Oder anders: Sind Kultur- und Ideologiekritik nicht ihrerseits längst zu warenförmigen Labels geworden, die wie

Statler und Waldorf auf ihrem Balkon in der Muppet Show ironischerweise zum kritisierten Bühnengeschehen dazugehören?

In einem Meer der Zeichen und Marken gibt es kein Zurück mehr »to seeing it unlabeled« (Andy Warhol). Auch Kapitalismuskritik ist, wie Felix Stephan anmerkt, »längst die Bastion der Supermärkte«. So gesehen gehen womöglich gerade diejenigen unter, die es sich mit ihrer Kritik zu leicht machen und gar nicht merken, dass ihr exklusiver Balkon die verspottete Show nur um ein weiteres Angebot erweitert.

Die Alternative wäre auch hier nicht die Verheimlichung des Verdoppelns und Vergleichens durch die Behauptung irgendwelcher Wesenheiten und Identitäten, sondern genaues Lesen. Nicht unterzugehen hieße dann schlicht: die Ähnlichkeiten und Differenzen der uns umgebenden Zeichen zu erkennen, paradigmatische Verweise und syntagmatische Beziehungen nicht nur in der Literatur, sondern auch im Medien- und Konsumalltag unterscheiden zu können. Wir User und Verbraucher, wir Komaglotzer und Konsumenten benötigen dafür keine ideologie- oder kulturkritischen Vorschriften, sondern können uns in der Kunst zu lesen und zu differenzieren bei jeder Folge von *Game of Thrones* und jedem Gang in den Supermarkt einfach selbst üben.

Bei den Serien liegt diese Alltagskultur des Lesens auf der Hand. Es stimmt ja nicht, dass die Streaming-Abonnenten in einem »ohnendlich Meer« der Neuerscheinungen versinken oder »ein saft- und kraftloses Gericht nach dem andern verschlingen«, wie es in den Polemiken des 18. Jahrhunderts gegen süchtige Romanleser behauptet wird. Nicht nur die heutigen Kultur- und Medienwissenschaften, sondern vor allem die zahllosen Fans im Internet lesen und kritisieren, was ihnen in Text und Bild an erzählerischer Komplexität geboten wird. Allein die Enttäuschung der Fans bei der letzten *Game of*

Thrones-Staffel zeigte, wie hier eine Narration im besten literaturkritischen Sinn konsequent an den immanenten Ansprüchen gemessen wurde, die sie in den Staffeln zuvor selbst gesetzt hatte – auch wenn das begeisterte Glotzer und Leser wie Stephen King oder Slavoj Žižek anders gesehen haben. Und natürlich gibt es auch in dieser weltweiten Lesekultur des 21. Jahrhunderts jenen selbstreflexiven Blickwechsel »von der Sache [...] gegen ihr Zeichen hin«, von dem bereits die Rede war: Bei einer Serie wie *Westworld* etwa liest man das gezeigte *worldbuilding* fast automatisch auch als Allegorie der Serie selbst und das Erzählte als Spiegel des eigenen Gewaltvoyeurismus. Und wenn Lord Petyr Baelish in einer Sexposition in *Game of Thrones* zwei Prostituierte mit den Sätzen instruiert: »Slowly. You're not fooling them, they just paid you. They know what you are. They know it's all just an act. Your job is to make them forget what they know«, dann reflektiert die Serie an dieser Stelle jene *willing suspension of disbelief*, die gerade für das phantastische Erzählen entscheidend ist. Auch bei Bildern, Filmen und Serien also können wir wechseln zwischen Immersion und Reflexion – dieser Wechsel ist kein Vorrecht von Texten und (gedruckten) Büchern.

Über Serien und Filme hinaus stellt die gesamte Pop- und Konsumkultur eine Welt der Zeichen dar, die gelesen werden wollen. Die »Wahl der jeweils richtigen Pfeffermühle«, so Wolfgang Ullrich in seinem Buch *Alles nur Konsum*, kann in einer solchen Kultur »genauso ein Ausweis von Geschmack und Urteilskraft wie die Entscheidung für die Lektüre eines bestimmten Buches« sein – und zwar deshalb, weil Pfeffermühlen ebenso wie Serien, Filme und Romane mit interessanten Metaphern und Fiktionen unsere Aufmerksamkeit und Wertschätzung gewinnen wollen. Natürlich ist Goethes *Werther* komplexer als ein Duschgel-Etikett und ein Wort wie »Klopstock« paradigmatisch abgründiger als der Vergleich mit einer Sommerwiese auf einer Kräutertee-Packung. Dennoch ziehen heutige Leser wie Wolfgang Ullrich nur den folgerichtigen Schluss aus den Diagnosen von Andy Warhol, Susan Sontag oder Roland Barthes und nehmen die Zeichensysteme und Alltagsmythen der Konsumkultur zu Recht genauso ernst wie die sogenannte Hochkultur.

Da es keinen archimedischen Punkt außerhalb gibt, bedeutet dieses Ernstnehmen, dass man das eigene Mitschwimmen in der Konsumkultur nicht länger verheimlicht. Dieses Mitschwimmen nannte man früher einmal affirmativ. Aber nichts ist affirmativer als eine Position, die nicht merkt, dass sie mitschwimmt, und deren Kritik, wie es der Untertitel der schönen Text-Bild-Sammlung *Mindstate Malibu* auf den Punkt bringt, »auch nur eine Form von Eskapismus« ist.

Bleibt dann aber als Option nur elegantes Surfen und »Wegaffirmieren« übrig? Gibt es eine Form der Kritik, die lustvoll zwischen immersivem und reflexivem Lesen balanciert? Eine neue Form der Ironie, die Franzens *Korrekturen* hinter sich ließe, die unsouverän, spielerisch und ernst zugleich wäre? Und wäre inmitten dieser Ironie auch Raum, ernster Spielraum sozusagen, für so etwas Altmodisches wie Wut – Wut auf all die schwachsinnigen Vergleiche, die uns angeboten werden, Wut auf die immer gleichen mythischen Verklärungen und strukturellen Lügen?

Wie bei Büchern hat man es auch bei anderen Konsumprodukten immer wieder mit dem zu tun, was Goetz in seiner Dankesrede für den Georg-Büchner-Preis »Erfahrungsdreck« nennt:

> Es reicht nicht, den Schwachsinn vorzuführen, der Text muß ihn geistig erschließen, genau das kann die Position Querulant aber nicht leisten. Auch kein Zynismus, kein programmatischer Affirmationismus, keine noch so nachsichts-

volle Großzügigkeit, die alles souverän hinnimmt, kann den ganzen Erfahrungsdreck in irgend etwas Konstruktives verwandeln.

Johann Holtrop ist ein solcher konstruktiver Versuch und knüpft dabei nicht nur ironisch an den kommerziellen Realismus, sondern auch an Rolf-Dieter Brinkmanns (1940–1975) großartigen Pop-Zorn in *Keiner weiß mehr* an:

> Deutschland, verrecke. [...] Mit den langweiligen Büchern, den langweiligen Filmen. [...] Die kulturellen Wörter. Verreckt. Aus. [...] Und du, Palmolive-Frau. [...] Onkel Tchibo auf Reisen. Langnese Eiscremekonfekt. Mon Cherie. Bild-Parlamentarier. [...] Argumentieren lohnt sich nicht mehr. Zusammenficken sollte man alles, zusammenficken.

Natürlich war Brinkmanns zornige Liste mit ihrer Litanei-Rhetorik und ihrem ›schmutzigen‹ Thesaurus schon damals, 1968, als Anti-Rede nur in Anführungszeichen möglich. Dennoch ging es um etwas. Brinkmann konnte im Sinne von Diedrich Diederichsens »Pop 1« den Markennamen der einen, spießigen Popkultur die Markennamen der anderen, der ›echten‹, ›subversiven‹ Popkultur entgegensetzen, also Roy Black etwa die Rolling Stones. Subversion und Echtheit waren zwar seit jeher auch nur gut verkäufliche Markenattribute, aber das immerhin war und ist möglich, nämlich auf dem ästhetischen Unterschied zwischen Roy Black und Mick Jagger zu bestehen, einer bestimmten Marke die eigene Kaufkraft und Sympathie zu entziehen und sich für eine andere zu entscheiden, weil man an einer ganz bestimmten Stilgemeinschaft teilhaben will. Und wem 1968 nicht nur Roy Black und Heintje, sondern auch die Stones zu kommerziell waren, der konnte sich innerhalb einer ziemlich experimentierfreudigen Popkultur auch auf die

Seite von John Coltrane, MC 5 oder Frank Zappa schlagen. Bei Goetz waren es dann Punk und Rave.

Aber was hat Brinkmanns »Onkel Tchibo auf Reisen« zu bedeuten? Gemeint ist der weiße, südafrikanische Schauspieler Wensley Pithey, der seit Anfang der 1960er Jahre mit dunklem Zweireiher und Adenauers Homburger-Hut vor exotischer Kolonialkulisse Werbung für die Hamburger Kaffeemarke machte. Was war 1968 der Mick Jagger der Kaffeeindustrie, den man dem Tchibo-Onkel entgegensetzen konnte? Es gab ihn in Deutschland einfach nicht. Und selbst wenn es ihn gegeben hätte, hörten bei Brinkmann jenseits der Popmusik die warenästhetischen Entgegensetzungen auf. Langnese, Palmolive und Tchibo setzte er keine andere, bessere Marke, sondern nur die »Leere« des Bildschirms und »Funkstille« entgegen – was zu Zeiten, als es im Fernsehen noch einen Sendeschluss gab, eine plausible Phantasie gewesen sein mag, heute aber nur noch als temporäres, mitschwimmendes Digital-Detox-Angebot vorstellbar ist.

Für die Tchibo-Werbung der 1980er Jahre, die mit frohsinnig-deutschem Text über Barry Manilows »Mandy«-Melodie den Onkel auf Reisen durch einen modernen Mittelstandspapa in der Tchibo-Filiale ersetzt, dem das blonde Töchterchen die Wange küsst, bevor es mit dem Freund zur Tür hinausgeht, hätte Brinkmann wahrscheinlich ebenfalls nur ein »Verrecke« übrig gehabt. (»Mit der Flucht aus dem Alltag, welche die gesamte Kulturindustrie in allen ihren Zweigen zu besorgen verspricht, ist es bestellt wie mit der Entführung der Tochter im amerikanischen Witzblatt: der Vater selbst hält im Dunklen die Leiter«, so Horkheimer/Adorno im Kapitel »Kulturindustrie. Aufklärung als Massenbetrug« in der *Dialektik der Aufklärung*.)

Und heute? George Clooney immerhin ist ästhetisch ein gewaltiger Fortschritt gegenüber dem Tchibo-Onkel, aber das ist die Nespresso-Werbung. Bei Tchibo wird 50 Jahre nach dem Onkel natürlich auf Nachhaltigkeit, *diversity* und Tradition gesetzt: Bei der Bio-Marke im Sortiment sieht man im Werbeclip unter den Slogans »Echt Äthiopien / Echt Bio / Direkt vom Ursprung« tropische Wälder und zufrieden lächelnde Schwarze, die rote Kaffeefrüchte mit der Hand pflücken. Warenästhetisch jedenfalls sind zum Onkel-Tchibo-Label mittlerweile jede Menge Alternativen im Angebot: von der Clooney-Coolness der Wegwerf-Pads über die italienische Dolce-Vita-Ästhetik bis hin zum fair gehandelten Bio-Kaffee, der mich aus meiner weißen Urbanitätsblase ohne Onkel direkt mit der afrikanischen Kultur verbindet. Auch solche differenzierten Zeichensysteme wollen synchron und diachron gelesen sein. Und eine Literatur, die den Anspruch erhebt, Gegenwartsliteratur zu sein, kommt nicht umhin, solche omnipräsenten Zeichen der Marken- und Popkultur ins eigene Zeichensystem hineinzuholen.

Kritisches Lesen aber hieße, die Differenzierung nicht nur als kostbare Errungenschaft einer offenen, liberalen Kultur, sondern bisweilen auch als Zumutung zu verstehen. Denn was hat es zu bedeuten, wenn ich, vor einem Supermarktregal stehend, die Aufschriften »Bio« und »Fair Trade« auf einer Kaffeepackung lese, sie daraufhin herausnehme und in meinen Warenkorb lege? Es hat sehr viel für mich, meinen Lebensstil, meinen Geschmack, mein Freiheitsgefühl, mein Gewissen zu bedeuten.

Es bedeutet aber vor allem, dass in dem gleichen Regal zahllose Kaffeepackungen stehen, auf denen *nicht* die Aufschriften »Bio« und »Fair Trade« zu lesen sind. Die Bedeutung des von mir gewählten »fairen« »Bio«-Kaffees entsteht semiotisch nur durch die Differenz zu der im Paradigma befindlichen Alternative »konventionell-agroindustriell« und »unfair«. Im Unterschied zu Saussures Paradigma-Begriff ist dieses Angebot aber nicht virtuell, sondern höchst präsent: in Gestalt all der anderen bunten Packungen im Regal – und die Ausbeutung von Mensch und Natur, die dafür nötig war, hat ganz real stattgefunden. Mit anderen Worten: Biologisch produzierte und fair gehandelte Produkte implizieren, dass es auch nicht biologisch produzierte und nicht fair gehandelte Produkte im Angebot gibt, sonst würde man sie nicht so nennen, und sonst würde ich auch nicht bewusst einzahlen in die Differenz, die mir ein gutes Gefühl gibt. Meine wunderbare Freiheit als Konsument geht also systematisch auf Kosten der gegenwärtigen und zukünftigen Freiheit anderer. Wenn das aber so ist, wird Freiheit als bloße Wahlfreiheit zwischen Marktalternativen zu einem zweifelhaften Wert, und man kann dann eben nicht trinkend oder essend »die Welt verändern«, wie es etwa die Bio-Limonadenmarke Lemonaid in ihrem Marketing behauptet. Verändert wäre die Welt nur, wenn es die Differenz in solchen Fällen nicht mehr gäbe – und zwar nicht durch nivellierendes Greenwashing oder ein paar Prozent mehr Marktanteil einer ›echten‹ Biomarke, sondern allein dadurch, dass politisch zu regelnde Dinge nicht länger an die Verbraucher delegiert würden und der gesamte Kaffee auf dem Markt tatsächlich »Bio« und »Fair Trade« wäre. Dann aber müsste man ihn nicht mehr so nennen, und ich würde dabei als lesender Kenner und Konsument keine moralischen Distinktionsgewinne mehr erzielen.

5. Zur Ethik des Lesens

»Daß man etwas weiß heißt nicht, daß man es weiß.«
Ilse Aichinger

In dem Film *Captain Fantastic* fährt der von Viggo Mortensen gespielte Aussteiger Ben mit seinen sechs Kindern im familieneigenen Bus durch das kapitalistische Amerika. Als er im Rückspiegel eine seiner Töchter ein Buch lesen sieht, fragt er sie, warum sie ausgerechnet Vladimir Nabokovs *Lolita* lese. Die genervte Teenagerin will ihre Ruhe haben und antwortet schnell: weil das Buch eben interessant sei. Alle anderen schlauen Kinder im Bus, auch die Kleinsten, grölen daraufhin: Sie hat (das nichtssagende) »interessant« gesagt. Und der anspruchsvolle Vater, der statt Weihnachten lieber einen Noam-Chomsky-Tag feiert, fordert mehr Genauigkeit. Als die Tochter dann schnell nacherzählen will, worum es in Nabokovs Roman geht, erwidert er, das sei »nur der Plot«. Also lässt sich seine Tochter doch noch darauf ein und beschreibt genauer, was *Lolita* mit ihr macht:

> Man sieht es aus seiner Perspektive und hat deshalb Verständnis und Sympathie für ihn, was irgendwie erstaunlich ist, weil er ist eigentlich ein Kinderschänder. Aber seine Liebe zu ihr ist wunderschön. Aber das ist auch ein Trick, denn es ist so falsch, er ist ganz schön alt und letzten Endes vergewaltigt er sie, und das hat zur Folge … ich hasse ihn. Und trotzdem empfinde ich auch Mitleid mit ihm …

Eva Menasse hat in ihrer Eröffnungsrede 2018 zum Internationalen Literaturfestival Berlin angemerkt, dass ein Autor wie Nabokov heute für einen Roman wie *Lolita* mindestens Morddrohungen bekäme. Warum? Weil die Zumutung, dass sich die Literatur in ihrer Freiheit auch in einen Vergewaltiger hineinversetzen kann, für viele unerträglich ist. Bens Tochter aber setzt sich dieser Zumutung aus, und was sie als Leserin erfährt, gehört zum Beunruhigendsten, was von den Buchstaben des Alphabets ausgehen kann: nicht etwa nur eindeutiger Schrecken oder gemischte Gefühle, sondern die *Gleichzeitigkeit* zweier gegensätzlicher, sich *widersprechender* Gefühle. Sympathie *und* Hass, Faszination *und* Abscheu. Und wie kommt es zu dieser beunruhigenden Erfahrung von Ambivalenz? Durch Nabokovs »Trick«, dass die Missbrauchsgeschichte aus der mächtigen Perspektive des alten, weißen Vergewaltigers als sentimentale Liebesgeschichte erzählt wird.

Für Richard Rorty (1931–2007) erfüllt ein Roman wie *Lolita* eine wichtige ethische Funktion. Da »Liberale« aus guten Gründen auf keine vorgegebenen, überzeitlichen Werte in der Welt da draußen und auch nicht auf universelle Gerechtigkeitsprinzipien bauen können, fürchten sie sich davor, grausam zu sein – ein Gedanke, der von Montaigne bis zu der amerikanischen Philosophin Judith N. Shklar (1928–1992) reicht.

Diese liberale Furcht vor Grausamkeit motiviert auch Richard Rortys Ethik. Und sein Vorschlag lautet, dass wir zur Vermeidung von Grausamkeit vor allem Romane lesen sollten. Romane nämlich versorgen uns mit unterschiedlichen »Vokabularen« und sehr genauen Beschreibungen von Leid und Schmerz. Liberale Gesellschaften können gar nicht genug solcher Vokabulare im Angebot haben, da wir sie privat wie öffentlich dringend benötigen: als Bastelmaterial und Inspirationsquelle für unsere Biographien, aber auch als Spiegel und Indikatoren für die Grausamkeiten unserer Kultur. *Lolita* erfüllt diese ethische Funktion für Rorty nicht einfach nur deshalb, weil wir uns in ein Opfer sexueller Gewalt einfühlen lernen und uns, mit Gotthold Ephraim Lessing (1729–1781) gesprochen, so stark von einer Unglücklichen rühren lassen, dass wir zu besseren, großmütigeren Menschen werden. Wichtiger ist für Rorty der Zweifel an der eigenen Empathiefähigkeit: Weil wir in liberalen Gesellschaften dazu neigen, uns in private Hochgefühle hineinzusteigern und permanent mit der Optimierung unseres Selbst beschäftigt sind, besteht die Gefahr, den Schmerz anderer Menschen zu verpassen und nicht gut zuzuhören, wenn andere von ihrem Leid erzählen. Grausamkeit geht deshalb für Rorty mit dreierlei einher: mit dem Fehlen jeglicher Selbstzweifel, mit mitleidheischender Sentimentalität, vor allem aber mit einem fundamentalen Mangel an Aufmerksamkeit. Und Humbert Humbert, die männliche Hauptfigur von *Lolita*, ironischerweise ein Philologe, ist nicht nur ein höchst unaufmerksamer Zuhörer, er ist auch ein miserabler Leser!

»Wer liest«, schreibt Vladimir Nabokov in seiner *Kunst des Lesens*, »sollte liebevoll auf Einzelheiten achten. Gegen den Mondschein der Verallgemeinerung ist nichts einzuwenden, vorausgesetzt, er zeigt sich, nachdem die sonnigen Kleinigkeiten des Buches liebevoll zusammengetragen wurden«. Das Problem ist, dass sich ein grausamer Mensch wie Humbert Humbert ausschließlich im sentimentalen Mondschein seiner Phantasmen bewegt und beim Lesen eines Briefes von Lolitas Mutter ausgerechnet den Abschnitt überschlägt, in dem es um so eine Kleinigkeit wie den Tod von Lolitas jüngerem Bruder geht.

Dummheit ist nach Hannah Arendt (1906–1975) der Unwille, »sich vorzustellen, was mit dem anderen ist«. Und da der Dumme auch diesen Unwillen nicht wahrnimmt, besteht Dummheit zudem darin, sich nicht vorstellen zu können, was mit einem selbst ist. Beides ist die Voraussetzung für Grausamkeit. Für den Kulturwissenschaftler Harald Welzer entsteht Grausamkeit immer dann, wenn Ausgrenzung normalisiert wird. Ganz normale Menschen können zu Massenmördern werden, wenn sie sich nicht mehr vorstellen können, was mit dem anderen ist, weil die anderen gar nicht mehr dazugehören, weil sie außerhalb des Rahmens stehen, in dem ›wir‹ uns bewegen. Wenn ein solcher Rahmen des ›Wir‹ selbstverständlich wird, ist bis zum Massenmord alles möglich: Die ›kleinen‹ Stigmatisierungen im Vorfeld erscheinen dann als genauso normal und notwendig wie die ›schwere Arbeit‹ der Vernichtung.

Ein polnischer Germanist erzählte einmal bei einer Döblin-Tagung in Krakau von seiner Großmutter: Auf dem Totenbett erinnerte sie sich daran, wie sie als junge Frau an der Grenze des Warschauer Ghettos für wenig Geld einer Jüdin einen schönen warmen Wintermantel abgekauft hatte. (Zu der Zeit war, wenn auch nur kurz, Devisenhandel zwischen den Juden im Ghetto und den Nicht-Juden außerhalb erlaubt.) Die Großmutter hielt das zu diesem Zeitpunkt aufgrund des vorgegebenen Frames für eine *Win-win*-Situation: Die Jüdin bekam ein paar Złoty für ein paar Kartoffeln von ihr, und sie bekam einen warmen Wintermantel. Erst auf dem Totenbett wurde der Frame brüchig, und sie erkannte, dass sie der Frau schlichtweg im eiskalten Winter den Wintermantel weggenommen hatte.

Wenn realistisches Erzählen darauf abzielt, dass wir uns beim Lesen wie selbstverständlich in einem vorgegebenen Frame bewegen, haben realistisch erzählte Texte über den Nationalsozialismus einen fatalen blinden Fleck. Sie wiederholen formal, zugespitzt gesagt, genau das, was die dargestellte Grausamkeit ermöglicht hat. So gesehen kommt kein Text über den Nationalsozialismus an der Frage nach dem eigenen Erzählrahmen vorbei: Auch wenn er auf Klischees zurückgreifen muss, kann er es sich nicht erlauben, »fließend Klischee« zu sprechen, wie Dath in seiner Kritik des Films *Werk ohne Autor* von Florian Henckel von Donnersmarck schreibt, und eine auktoriale, um nicht zu sagen: totalitäre Erzählposition einzunehmen, die uns noch in der Gaskammer das tröstliche Gefühl gibt, das Herz der Kultur schlagen zu hören. Ganz im Sinne Ecos ist beim ästhetischen ›Spiel‹ mit dem Nationalsozialismus weder die ›Avantgarde‹ von Claude Lanzmann bis Imre Kertész noch die trashige Popkultur von Mel Brooks bis Quentin Tarantino das Problem. Das Problem ist der so erfolgreiche Midcult-Bereich dazwischen, der kulinarisch sein muss, um erfolgreich zu sein, und sich mit seinen schweren Zeichen zugleich als Beitrag der Hochkultur versteht. So bemerkenswert die Debatte zu dem Roman *Stella* von Takis Würger war – dieser Punkt blieb unberücksichtigt.

Was aber bedeutet das für eine Ethik des Lesens? Es bedeutet, dass die Verbindung zwischen Ästhetik und Ethik nicht einfach im Mitleid liegen kann. Im Gegenteil: Grausamkeit tarnt sich meist mit sentimentalen Ästhetisierungen: Die Täter selbst geben sich so empathisch, dass sie den Opfern mit ihrer Gewalt eigentlich einen Gefallen tun. Euthanasie wird auf diese Weise rhetorisch zum mitleidvollen Gnadentod umgedeutet. Und weil grausame Handlungen notwendig, aber ›schwer‹ sind, gebührt dem Täter innerhalb seines Phantasmas im Grunde mehr Mitleid als dem Opfer. Mit solchen »dunklen Seiten der Empathie«, so der Literaturwissenschaftler und Publizist Fritz Breithaupt, lässt sich keine ethische Ästhetik des Mitleids formulieren.

Außerdem zeigt das Beispiel von Humbert Humbert, dass uns das Lesen nicht per se zu besseren Menschen macht. Böse Menschen haben nicht nur jede Menge Lieder, sondern auch gedruckte Bücher. Oder – wie Kirsten Dunst in der großartigen zweiten *Fargo*-Staffel – einen Keller voller Zeitschriften und Lifestyle-Magazine, die mit ihren Bildern und Vergleichen das gesamte moralische Koordinatensystem eines normalen bürgerlichen Haushalts durcheinanderbringen können. Und genau deshalb ist die von ihr gespielte Figur kälter als die kältesten Killer im eiskalten *Fargo*-Universum. Das Problem vor 1933, wie man von Hannah Arendt nachts auf YouTube aus einem der besten Gespräche der deutschen Fernsehgeschichte lernen kann, war nicht das, was die »Feinde«, sondern das, was die »Freunde« taten: die belesenen, wertebewussten Bildungsbürger, denen im Unterschied zu dem sprachgewaltigen Herausgeber der *Fackel* Karl Kraus (1874–1936) ganz viel zu Hitler einfiel und die sich ohne Not selbst gleichschalteten. Für Arendt ist deshalb am ehesten auf die »Zweifler und Skeptiker« Verlass, diejenigen, deren Gewissen »nicht in dieser sozusagen automatischen Weise« funktioniert und die sich vor allem eine Frage stellen: ob sie nach bestimmten Entscheidungen und Taten noch mit sich selbst zusammenleben können.

Da ist sie also wieder: die Sache mit dem Automatismus, der die literarische und auch die philosophische Moderne so empört hat. Der philosophische Gegenbegriff dazu ist bei Arendt wie Rorty bezeichnenderweise der Zweifel, auch wenn Arendt die optimistische Einschätzung Rortys wohl nicht teilen würde, dass Solidarität

> als Selbstzweifel während der letzten Jahrhunderte allmählich den Bewohnern demokratischer Staaten eingeimpft wurde – als Zweifel an der eigenen Sensibilität für die Schmerzen und Demütigungen anderer, Zweifel daran, daß gegenwärtige institutionalisierte Arrangements angemessen mit diesen Schmerzen und Demütigungen umgehen können, auch als Neugier auf mögliche Alternativen.

Der Schriftsteller Joseph Brodsky (1940–1996) sagte einmal in einem Interview:

> Es ist sinnlos, Menschen ändern zu wollen. Aber es ist möglich und nötig, mit dem schlechten Geschmack zu kämpfen, Menschen den Zweifel an ihren Positionen einzupflanzen – eben das ist die Aufgabe der Kunst und Literatur.

Darin also könnte die Ethik des Lesens viel eher als im Mitleid bestehen: im Misstrauen gegenüber uns selbst. Und das wäre, bezogen auf unsere Rolle als Leser*innen, immer auch ein Misstrauen gegenüber den eigenen Lektüren.

Die Weltliteratur ist voll von Leseszenen und lesenden Held*innen – Don Quichote, Werther und Madame Bovary sind nur die bekanntesten Beispiele. Auffällig ist dabei, dass die vom Lesen erzählenden Romane das Lesen eher kritisch sehen oder gar pathologisieren. Wer in Romanen liest, zweifelt nicht, sondern verliert sich in seinen eigenen Phantasmen, Trugbildern und Vorstellungswelten. Lektüre – das ist meistens eher ein anderes Wort für Narzissmus, Selbstbespiegelung und kreisende Identifikation. Nabokovs Philologe reiht sich da in eine lange (meist männliche) Tradition ein.

Der Witz aber ist, dass die vertrauensseligen, narzisstischen Leser*innen in den Romanen der Weltliteratur ihrerseits Misstrauen bei den Leser*innen dieser Romane hervorrufen können. *Werther, Madame Bovary* oder *Lolita* legen es von vornherein auf diese Beobachtung der Beobachtung, auf die misstrauische Selbstreflexion ihrer Leser*innen an. Und einmal geweckt, kann sich dieses Misstrauen dann auch gegen Leseszenen richten, die auf den ersten Blick verklärend und moralisch einwandfrei daherkommen.

Selbst die bereits erwähnte Bibliotheksszene in dem Thriller *Se7en* wirkt auf den zweiten Blick unheimlicher, als man anfangs vielleicht dachte: Sie erscheint nicht nur als unglaubwürdiger Traum in einer unruhigen Welt, die vom vermeintlichen Gegenteil, von tröstlicher Barockmusik und sinnstiftenden Großen Erzählungen träumt; sie führt zudem *ad fontes*, d. h. in den Strudel kultureller Quellen, ohne die der Serienmörder nie auf seine barbarischen Ideen gekommen wäre.

Besonders beunruhigend sind die Lektüren, bei denen uns die Texte lange Zeit in einem Gefühl der Sicherheit wiegen. Wir

›gehen mit‹, wir glauben dem Erzähler jedes Wort, wir identifizieren uns und bemerken das Framing nicht. Dann aber, manchmal nur durch wenige Zeilen, irgendeinen Hinweis, eine Information von einer nicht vom Erzähler kontrollierten Stimme wird uns klar: Wir sind über Hunderte von Seiten einer Lebenslüge gefolgt, waren verstrickt in ein fein gesponnenes Wahngebilde. In Teju Coles Roman *Open City* etwa flaniert man mit dem sympathischen Ich-Erzähler durch die halbe Welt, man lernt unendlich viel von ihm und steht auf der politisch korrekten, der schwarzen Seite, um am Ende, am Morgen nach einer Party, etwas Ungeheuerliches über ihn zu erfahren. Ebenso in Thomas Lehrs Roman *Nabokovs Katze*, bei dem sich die große Liebe am Ende als hohle Obsession und Männerphantasie erweist. Michaela Krützen hat in ihren *Dramaturgien des Films* gezeigt, dass es auch im ganz normalen Hollywood-Kino immer wieder solche beunruhigenden Spiele mit unzuverlässigen Erzählern gibt – von *Fight Club* bis zu *The Sixth Sense*.

Betont man dieses Moment von Misstrauen und *anagnorisis* (griech. ›Wiedererkennung‹), liegen zwei Vorwürfe auf der Hand: Erstens geht es beim Lesen nicht nur um Erkenntnis und Reflexion, sondern auch um Gefühle, und zweitens scheint sich hinter solchen ethischen Ansprüchen ans Lesen jenes alte, ersatzreligiöse Verständnis von Kunst als Arbeit, Widerstand und Irritation zu verbergen, das seinerseits keine Kritik und Relativierung duldet.

Tiefer hängen, würde ein kritischer Leser wie Wolfgang Ullrich fordern. Und ein entspannter Nichtleser wie Pierre Bayard würde empfehlen, sich hinter solchen Sakralisierungen einfach mal unseren tatsächlichen Umgang mit Büchern zu vergegenwärtigen: Therapeutisch gesehen produziert so eine Ethik des Lesens nur ein unnötig schlechtes Gewissen.

Dass es bei der Frage nach einer Ethik des Lesens um keine von Gefühlen abstrahierende Beruhigung gehen kann, machen die genannten Beispiele hoffentlich deutlich. *Anagnorisis* als Einsicht in eine bislang vollkommen falsch gelesene, missverstandene Struktur geht schon bei Aristoteles mit heftigen Affekten einher, wobei so mancher heftige Affekt eben nicht ohne Reflexion zu haben ist. Mit kühlem Fallibilismus oder abhakendem *trial and error* hat das nicht nur bei so tragischen Fällen wie Ödipus nichts zu tun. Und auch wenn es sich um kein schockartiges Erkennen des Anderen, zuvor Ausgeschlossenen, sondern um ein von vornherein parallel und immer wieder querlaufendes Mitlesen des Verdrängten wie bei der *Lolita* lesenden Tochter in *Captain Fantastic* handelt, geht es doch auch hierbei nicht nur um Erkenntnis oder gar nur um ein als Lesegewinn verbuchbares Wissen in Schlagwörtern. Worum es geht, ist die existentielle Erfahrung der Unzuverlässigkeit und Ungewissheit der Zeichen.

Und genau an einer solchen Stelle – wenn von existentiellen Erfahrungen, von Schock und Erschütterung, von Ethik, Tragik und Misstrauen die Rede ist – stellt sich auch für den vorliegenden Text die Gernhardt'sche Frage, wo man hier, wenigstens zum Schluss, sein Paradigma wechseln kann.

Die Grenzen eines allzu tiefsinnigen, also kulturell hochgehängten Lesens zeigt Robert Gernhardt in seiner »Deutung eines allegorischen Gemäldes«:

Fünf Männer seh ich
inhaltsschwer –
wer sind die fünf?
Wofür steht wer?

Des ersten Wams strahlt
blutigrot –
das ist der Tod
das ist der Tod

Entsprechend inhaltsschwer geht es weiter (mit Pest und Leid und Hass), bis das Gedicht schließlich bei der fünften Männerfigur das Schema des allegorischen Tiefsinns überraschend verlässt:

Der fünfte bringt stumm
Wein herein –
das wird der
Weinreinbringer sein.

Gernhardts tiefenentspanntes Gedicht ist insofern hochaktuell, als es eben kein *deep reading* als Ausweg aus den Sinnkrisen der Gegenwart empfiehlt und all denjenigen den Wind aus den Segeln nimmt, die Kunst und Literatur nur noch für vorschnelle Bedeutungszuschreibungen benutzen.

Wer auf der richtigen Seite steht, weiß sich im Besitz der richtigen Vergleiche. Lesen jedoch ist nicht dasselbe wie Verstehen. »Der Glaube, immer schon verstanden zu haben«, so Hans-Jost Frey, »gefährdet das Lesen. Lesen geschieht in der abenteuerlichen Offenheit des Nichtverstehens.«

Was zum Beispiel hat ein Text wie der folgende von Ernst Jandl mit dem Titel »heiß« zu bedeuten?

was ich nicht heiß,
ist nicht mein name.
was ich nicht kalt,
bleibe ich im bett.

Mit Judith Butlers *Kritik der ethischen Gewalt* könnte man sagen, dass gerade die Ratlosigkeit und Unsouveränität des Ich die Voraussetzung für Menschlichkeit ist. Erst die Anerkennung der eigenen Undurchschaubarkeit – »was ich nicht heiß, / ist nicht mein name« – befähigt uns dazu, einen anderen Menschen, der genauso unsouverän ist wie wir, als Gleichen anzuerkennen. Gerade dort, wo wir, wie Butler schreibt, an die »Grenzen unserer Systeme der Verständlichkeit« gelangen, besteht die gemeinsame Welt zwischen Ich und Du nur noch im jeweiligen Nichtwissen und Nichtverstehen. Ethische Gewalt entsteht genau dann, wenn man diese Grenzen des eigenen Wissens und Verstehens unkritisch leugnet und dabei die immer wieder neu zu riskierenden Fragen »Wer bin ich?«, »Wer bist Du?«, »Was bedeutet das alles?« in der Abstraktheit allgemeiner Urteile erstickt.

So gesehen bestünde die Ethik des Lesens vor allem in der Erfahrung des Nichtwissens, in der Fähigkeit, sich bestimmen zu lassen von einem fremden Text. Deshalb auch sind Lob- und Verteidigungsreden auf das Lesen, Leseverführer und Gebrauchsanweisungen, so gut sie gemeint sind, oft so enttäuschend: Sie sprechen nicht aus der Unruhe der Bücher, der »aktiven Passivität« konkreter Lektüren heraus und beruhigen sich selbst und die Adressierten mit der Beschwörung kultureller Werte. Doch die Praxis des Vergleichs, von der im ersten Kapitel die Rede war, führt uns nicht zu sicheren Werten. Wir verlassen auch nicht lesend »die Blase«, wie es in einer der Eröffnungsreden zur letztjährigen Frankfurter Buchmesse hieß. Im Gegenteil: Lesend bilden wir allererst unsere Blasen, und weil wir Angst davor haben, dass sie jederzeit platzen könnten, lesen wir immer weiter – ganz automatisch und unablässig das Gleiche. Die Unruhe der Bücher durchkreuzt diese Wiederkehr des immer Gleichen und gibt uns die Möglichkeit zu erfahren, dass man alles vielleicht auch ganz anders lesen könnte.

Literaturhinweise, Zitatnachweise und Quellen

Alle Internetadressen wurden zuletzt am 3. 12. 2019 aufgerufen.

Vorbemerkung

Motto in: Alfred Döblin: »An Romanautoren und ihre Kritiker. Berliner Programm«. In: A. D.: Schriften zu Ästhetik, Poetik und Literatur. Mit einem Nachw. von Erich Kleinschmidt. Frankfurt a. M. 2013. S. 119. – Karl Philipp Moritz: »Vorschlag zu einem Magazin einer Erfahrungsseelenkunde«. In: Gnothi sauton oder Magazin zur Erfahrungsseelenkunde als ein Lesebuch für Gelehrte und Ungelehrte. Hrsg. von Carl Philipp Moritz. Neu hrsg. von Anke Bennholdt-Thomsen und Alfredo Guzzoni. Bd. 1. Lindau 1978. – David Wagner: Sich verlieben hilft. Über Bücher und Serien. Berlin 2016. S. 121. – Marie Schmidt: »Schlag mich auf«. In: Süddeutsche Zeitung. 16./17. 3. 2019 – Dirk Knipphals: »Unter dem Akazienbaum«. In: https://taz.de/!5470625/ – G. W. F. Hegel: Vorlesungen über die Philosophie der Religion. I. Werke. Bd. 16. Frankfurt a. M.1986. – Interview mit Gerhard Lauer: https://www.boersenblatt.net/2019-06-13-artikel-_starke_leser_unterscheiden__sich_neuronal_von_schwachen_lesern_-interview_mit_gerhard_lauer.1672377.html

Kapitel 1

Motto in: Max Goldt: Für Nächte am offenen Fenster. Die prachtvollsten Texte 1987–2002. Reinbek b. Hamburg 2015. S. 464 f. – Jean-Jacques Rousseau: Abhandlung über den Ursprung und die Grundlagen der Ungleichheit unter den Menschen. Übers. und hrsg. von Philipp Rippel. Stuttgart ^{2}2018. S. 112. – Ralf Konersmann: Wörterbuch der Unruhe. Frankfurt a. M. 2017. S. 107–116. – Dirk Baecker: Wozu Kultur? Berlin ^{3}2003. S. 46 ff., 69, 68, 67. – Wagner 2016 (s. o.). S. 56. – Charles Sanders Peirce, zit. nach: Umberto Eco: Zeichen. Einführung in einen Begriff und seine Geschichte. Übers. von Günter Memmert. Frankfurt a. M. ^{10}1995. S. 31. – Ferdinand de Saussure: Grundfragen der allgemeinen Sprachwissenschaft. Eine Auswahl. Übers. von Ulrich Bossier. Hrsg. von Oliver Jahraus. Stuttgart 2016. S. 81. – Ludwig Wittgenstein: Philosophische Untersuchungen. In: L. W.: Werkausgabe. Bd. 1: Tractatus logico-philosophicus. Frankfurt a. M. ^{22}2016. S. 268. – Moritz Baßler: Die kulturpoetische Funktion und das Archiv. Eine literaturwissenschaftliche Text-Kontext-Theorie. Tübingen 2005. S. 153. – Johann Wolfgang Goethe: Die Leiden des jungen Werthers. Erste Fassung 1774. Stuttgart 2009 [u. ö.]. S. 26. – Bzgl. Augustinus vgl.: Johann Wolfgang Goethe: Sämtliche Werke, Briefe, Tagebücher und Gespräche. Abt. 1, Bd. 8: Romane. Hrsg. von Waltraud Wiethölter unter Mitarb. von Christoph Brecht. Berlin 1994. – Jean Paul: Vorschule der Ästhetik. In: J. W. G.: Sämtliche Werke. Abt. I, Bd. 5. Hrsg. von Norbert Miller. Frankfurt a. M. 1996. S. 194 f., 193, 249. – Gérard Genette: Die Erzählung. Übers. von Andreas Knop. München 1994. S. 71–76. – Matias Martinez / Michael Scheffel: Einführung in die Erzähltheorie. München 1999. S. 44. – Alfred Polgar: Die kleine Form. In: A. P.: Das große Lesebuch. Hrsg. von Harry Rowohlt. Reinbek b. Hamburg 2004. S. 177. – Günter Eich: Gesammelte Maulwürfe. Frankfurt a. M. ^{8}1997. S. 7. – Gottfried Benn: »Lebensweg eines Intellektualisten«. In: G. B.: Prosa und Autobiographie in der Fassung der Erstdrucke. Hrsg. von Bruno Hillebrand. Frankfurt a. M. 1984. S. 328. – Ossip Mandelstam: »Gespräch über Dante«. In: O. M.: Gesammelte Essays. Teil 2: 1925–1935. Übers. und hrsg. von Ralph Dutli. Zürich

[2]1991. S. 127. – Viktor Šklovskij: Theorie der Prosa. Hrsg. und übers. von Gisela Drohla. Frankfurt a. M. 1984. S. 13, 22. – Wolfram Groddeck: Reden über Rhetorik. Zu einer Stilistik des Lesens. Frankfurt a. M. / Basel [2]2008. S. 249, 255, 221. – Homer: Ilias XX,168. – Paulus Böhmer: Kaddish I–X. Frankfurt a. M. 2002. – Monika Rinck: Champagner für die Pferde. Ein Lesebuch. Frankfurt a. M. 2019. S. 347, 21. – Umberto Eco: Semiotik und Philosophie der Sprache. Übers. von Christiane Trabant-Rommel und Jürgen Trabant. München 1985. S. 124. – Baecker [3]2003 (s. o.). S. 50 f.

Kapitel 2

Motto in: Alberto Manguel: »Die Zukunft des Lesens«. In: Neue Rundschau 1 (2014) S. 162–172, hier S.166. – Higgelti Piggelti Pop! oder Es muss im Leben mehr als alles geben. Geschichte und Bilder von Maurice Sendak. Übers. von Hildegard Krahé. Zürich 2009. S. 11–13. – Roland Barthes: Die Lust am Text. Übers. von Traugott König. Frankfurt a. M. [7]1992. S. 65. – Christoph Bode: Ästhetik der Ambiguität. Zu Funktion und Bedeutung der Mehrdeutigkeit in der Literatur der Moderne. Tübingen 1988. S. 141. – Roman Jakobson: »Der Doppelcharakter der Sprache und die Polarität zwischen Metaphorik und Metonymik«. In: Theorie der Metapher. Hrsg. von Anselm Haverkamp. Darmstadt [2]1996. S. 163–174, hier S. 170. – Baßler 2005 (s. o.). S. 56 f. – Moritz Baßler: Deutsche Erzählprosa 1850–1950. Eine Geschichte literarischer Verfahren. Berlin 2015. S. 20 f. – André Breton: Die Manifeste des Surrealismus. Übers. von Ruth Henry. Reinbek b. Hamburg [12]2009. S. 13. – Barthes 1992 (s. o.). S. 64. – Roland Barthes: S/Z. Übers. von Jürgen Hoch. Frankfurt a. M. 1987. S. 101. – Thomas Steinfeld: »Sightseeing schadet dem Verstand«. In: Süddeutsche Zeitung. 4. 10.

2017. – James Wood: Die Kunst des Erzählens. Mit einem Vorw. von Daniel Kehlmann. Übers. von Imma Klemm unter Mitarb. von Barbara Hoffmeister. Reinbek b. Hamburg 2011. S. 197 f. – Umberto Eco: »Die Struktur des schlechten Geschmacks«. In: U. E.: Apokalyptiker und Integrierte. Zur kritischen Kritik der Massenkultur. Übers. von Max Looser. Frankfurt a. M. 1992. S. 59–115, hier S. 71, 90. – Daniel Kehlmann: Tyll. Reinbek b. Hamburg 2017. S. 34. – Den Hinweis auf diese beiden Kafka-Sätze verdanke ich Peter Bürger: Prosa der Moderne. Unter Mitarb. von Christa Bürger. Frankfurt a. M. 1992. S. 302 (Franz Kafka: Schriften, Tagebücher. Nachgelassene Schriften und Fragmente II. Hrsg. von Jost Schillemeit. Frankfurt a. M. 2002. S. 113.). – Felix Stephan: »Monster«. In: Süddeutsche Zeitung. 3./4. 3. 2018. – Enis Maci: Eiscafé Europa. Essays. Berlin 2018. S. 28. – Umberto Eco: Nachschrift zum ›Namen der Rose‹. Übers. von Burkhart Kroeber. München 1984. S. 73 f. – Astrid Lindgren: Madita. Übers. von Anna-Liese Kornitzky. Hamburg 1992. S. 220. – Wolfgang Herrndorf: Sand. Berlin [4]2012. S. 165, 93 f., 135, 162. – Vgl. Annina Klappert: »Vergessen im Virtuellen. Wolfgang Herrndorfs *Sand*«. In: A. K. (Hrsg.): Wolfgang Herrndorf. Weimar 2015. S. 101–115. – Wolfgang Herrndorf: Arbeit und Struktur. Berlin 2013. S. 206. – Moritz Baßler: »Junge Türken – alte Tiegel. Über zwei Arten gegenwartsliterarischer Selbstverständlichkeit«. In: Neue Rundschau 1 (2015) S. 14. – Dietmar Dath: Von wegen abstrakt. Nachschrift zu *Der Schnitt durch die Sonne*. Unveröffentlichtes Manuskript. – Ilja Trojanow: »Runter vom Montblanc«. In: Neue Zürcher Zeitung. 26. 5. 2017. – Wolf Haas: Auferstehung der Toten. Der erste Fall für Brenner. Hamburg 2006. S. 23 ff. – Roberto Bolaño: 2666. Übers. von Christian Hansen. Frankfurt a. M. 2011. S. 1081, 1163, 977, 305. – Daniel Kehlmann: »Vier Kritiker und ein Höllenfall«. In: Frankfurter Allgemeine Zeitung. 14. 10. 2009. – Lob des Realismus. Die Debatte. Hrsg. von

Nicole Gronemeyer und Bernd Stegemann. Berlin 2017. S. 69. – Zum »Infrarealismus« vgl. Wikipedia: https://en.wikipedia.org/wiki/Infrarealism – Theodor W. Adorno: Gesammelte Schriften. Bd. 6: Negative Dialektik. Darmstadt 1998. S. 359.

Kapitel 3

Motto in: Friedrich Nietzsche: Morgenröthe. Hamburg 2011. S. 196. – Jonathan Franzen: Die Korrekturen. Übers. von Bettina Abarbanell. Reinbek b. Hamburg [10]2008. S. 132 f. – Barthes 1987 (s. o.). S. 101. – Interview mit Dietmar Dath: https://de-bug.de/share/debug106.pdf [S. 34]. – Philipp Felsch: Der lange Sommer der Theorie. Geschichte einer Revolte 1960–1990. München 2015. S. 12. – Vgl. Nicholas Dames: »The Theory Generation«. In: https://nplusonemag.com/issue-14/reviews/the-theory-generation/ – Theorie. 100 Bücher nach 2001. Hrsg. von Hendrikje Schauer und Marcel Lepper. Stuttgart/Weimar 2017. S. 20. – Dirk Baecker: Wozu Theorie? Berlin 2016. S. 7 – Florian Mühlfried: Misstrauen. Vom Wert eines Unwertes. Stuttgart 2019. S. 21 ff. – Robert Gernhardt: »Neulich an der Uni«. In: R. G.: Vom Schönen, Guten, Baren. Die schönsten Bildergeschichten und Bildgedichte. Frankfurt a. M. 2007. S. 362. – Ulrich Raulff: Wiedersehen mit den Siebzigern. Die wilden Jahre des Lesens. Stuttgart 2014. – Interview mit René Pollesch: https://www.faz.net/aktuell/feuilleton/buehne-und-konzert/der-kuenftige-volksbuehnen-intendant-rene-pollesch-im-interview-16247953-p3.html – Gilles Deleuze: »Postskriptum über die Kontrollgesellschaften«. In: G. D.: Unterhandlungen 1972–1990. Übers. von Gustav Roßler. Frankfurt a. M. 1993. S. 254 ff. – Margarete Stokowski: Untenrum frei. Reinbek b. Hamburg 2018. S. 7. – Ulrich Peltzer: Teil der Lösung. Zürich 2007. S. 184 f. – Jean-François Lyotard: Apathie in der Theorie. Übers. von Clemens-Carl Haerle und Lothar Kurzawa. Berlin 1979. S. 73 ff. – Baecker 2016 (s. o.). S. 7.

Kapitel 4

Motto in: Don DeLillo: Weißes Rauschen. Übers. von Helga Pfetsch. Köln 2018. S. 18. – Susan Sontag: »Anmerkungen zu ›Camp‹«. In: S. S.: Kunst und Antikunst. 24 literarische Analysen. Übers. von Mark W. Rien. Frankfurt a. M. ^{7}2003. S. 337. – Andy Warhol / Pat Hackett: POPism. The Warhol Sixties. Orlando [u. a.] 2006. S. 278. – Rainald Goetz: Abfall für alle. Roman eines Jahres. Frankfurt a. M. ^{3}2015. S. 34. – Über Rainald Goetz: https://www.welt.de/kultur/literarischewelt/article 144102183/Was-soll-man-empfangen-wenn-alle-immer-senden.html – Stefanie Sargnagel: Statusmeldungen. Reinbek b. Hamburg 2018. S. 150, 111. – Rainald Goetz: »Wut ist Energie«. Interview mit Ijoma Mangold und Moritz von Uslar. In: Die Zeit. 29. 11. 2012. – Rainald Goetz: Johann Holtrop. Abriss der Gesellschaft. Berlin 2014. S. 11. – Zit. nach: Wolfgang Ullrich: Alles nur Konsum. Kritik der warenästhetischen Erziehung. Berlin 2013. S. 23 f. – Stephen King und Slavoj Žižek über *Game of Thrones*: https://www.welt.de/kultur/article19368 2323/Stephen-King-verteidigt-das-Ende-von-Game-of-Thrones.html / https://www.welt.de/kultur/plus193917321/ Slavoj-Zizek-ueber-Game-of-Thrones-Daenerys-ist-die-Gute.html – Sexposition in *Game of Thrones*: https://www.tor-online.de/feature/film/2016/10/die-funktion-der-sexpositions-in-game-of-thrones-simon-spiegel/ – Ullrich 2013 (s. o.). S. 24. – Mindstate Malibu. Kritik ist auch nur eine Form des Eskapismus. Hrsg. von Joshua Groß, Johannes Hertwig und Andy Kassier in Zusammenarb. mit dem Institut für moderne Kunst Nürnberg. Fürth 2018. – Dankesrede von Rainald Goetz: https://www.faz.net/aktuell/feuilleton/buecher/gigantische-kaputtheit-dankrede-von-rainald-goetz-13908995.html – Rolf Dieter Brinkmann: Keiner weiß mehr. Reinbek b. Hamburg ²2013. S. 186 f. – Diedrich Diederichsen: »Ist was Pop?«. In: D. D.: Der lange Weg nach Mitte. Der Sound und die Stadt. Köln 1999. S. 272–286, hier S. 273. – Max Horkheimer / Theodor W. Adorno: Kulturindustrie. Aufklärung als Massenbetrug. Hrsg. von Ralf Kellermann. Stuttgart 2015. S. 37.

Kapitel 5

Motto in: Ilse Aichinger: Kleist, Moos, Fasane. Frankfurt a. M. ³2004. S. 82. – Captain Fantastic – Einmal Wildnis und zurück. Regie: Matt Ross. USA 2016. – Rede von Eva Menasse: http://literaturfestival.com/medien/texte/eroeffnungsreden/rede-menasse-2018 – Thomas Bauer: Die Vereindeutigung der Welt. Über den Verlust an Mehrdeutigkeit und Vielfalt. Stuttgart 2018. – Vladimir Nabokov: Die Kunst des Lesens. Übers. von Karl A. Klewer. Frankfurt a. M. 2010. S. 9. – Richard Rorty: Kontingenz, Ironie und Solidarität. Übers. von Christa Krüger. Frankfurt a. M. 1992. S. 265. – Harald Welzer: Täter. Wie aus ganz normalen Menschen Massenmörder werden. Mitarb. von Michaela Christ. Frankfurt a. M. 2005. – Diethmar Dath über Werk ohne Autor: https://www.faz.net/aktuell/feuilleton/kino/oscar-anwaerter-henckel-von-donnersmarcks-film-werk-ohne-autor-15771395.html – Hannah Arendt im Interview: https://www.youtube.com/watch?v=J9SyTEUi6Kw&t=31m00s [31:00–34:30]. – Hannah Arendt: Was heißt persönliche Verantwortung in einer Diktatur? Übers. von Eike Geisel. Hrsg. und mit einem Essay von Marie Luise Knott. München 2018. S. 45 ff. – Rorty 1992 (s. o.). S. 320. – Joseph Brodsky zit. nach: https://www.nzz.ch/borschtsch_schtschi_

und_brodsky-1.7223570 – Teju Cole: Open City. Übers. von Christine Richter-Nilsson. Berlin 2012. S. 312–317. – Thomas Lehr: Nabokovs Katze. Berlin ^{2}2002. S. 505–509. – Michaela Krützen: Dramaturgien des Films. Das etwas andere Hollywood. Frankfurt a. M. 2010. S. 35–201. – Wolfgang Ullrich: Tiefer hängen. Über den Umgang mit der Kunst. Berlin ^{3}2004. – Pierre Bayard: Wie man über Bücher spricht, die man nicht gelesen hat. Übers. von Lis Künzli. München 2007. – Robert Gernhardt: Reim und Zeit. Gedichte. Stuttgart 2009. S. 22. – Hans-Jost Frey: Lesen und Schreiben. Basel [u. a.] 1998. S. 7. – Ernst Jandl: der gelbe hund. gedichte. Darmstadt 1980. S. 73. – Judith Butler: Kritik der ethischen Gewalt. Adorno-Vorlesungen 2002. Übers. von Reiner Ansén. Frankfurt a. M. 2003. S. 31. – Martin Seel: Aktive Passivität. Über den Spielraum des Denkens, Handelns und anderer Künste. Frankfurt a. M. 2014. – Über die Eröffnung der Frankfurter Buchmesse 2019: https://www.welt.de/kultur/literarischewelt/article201975426/Frankfurter-Buchmesse-Lesen-gegen-den-Weltuntergang.html

Zum Autor

SASCHA MICHEL, geboren 1970, lebt in Frankfurt am Main und arbeitet als Lektor für Literatur im S. Fischer Verlag. Seit 2015 unterrichtet er als Dozent bei dem Fortbildungsprogramm Buch- und Medienpraxis an der Johann Wolfgang Goethe-Universität Frankfurt am Main. Neben zahlreichen Zeitungsartikeln, Nachworten und wissenschaftlichen Aufsätzen hat er mehrere Bücher veröffentlicht, darunter die 2006 erschienene Studie *Ordnungen der Kontingenz. Figurationen der Unterbrechung in Erzähldiskursen um 1800 (Wieland – Jean Paul – Brentano)* sowie die Anthologien *Texte zur Theorie der Literaturkritik* (2008) und *Glück. Ein philosophischer Streifzug* (2010).